LA MAGIE
DU CINÉMA

Les Animaux Fantastiques

Les Crimes de Grindelwald™

LA MAGIE DU CINÉMA

par Jody Revenson

GALLIMARD JEUNESSE

PARIS

SOMMAIRE

Introduction : rappel de l'histoire

Dans le premier volet des *Animaux fantastiques*, J. K. Rowling développait le monde magique des romans *Harry Potter* en transportant le spectateur dans le New York de 1926 sur les traces de Norbert Dragonneau. Le magizoologiste poursuit ses aventures dans *Les Animaux fantastiques : les Crimes de Grindelwald*.

Au début du premier film, le monde subit les attaques d'un mage noir, Gellert Grindelwald, qui tente de prendre le contrôle de la communauté magique. Norbert Dragonneau arrive à New York avec une valise remplie de créatures magiques qu'il a sauvées ou soignées ; il espère que le livre qu'il est en train d'écrire permettra aux sorciers de mieux connaître la valeur de ces animaux incroyables. Il s'est aussi donné pour mission de relâcher Frank, un Oiseau-tonnerre, dans son Arizona natal. Mais un jour, il échange malencontreusement sa valise avec celle de Jacob Kowalski, un Non-Maj' (une personne sans pouvoirs), qui libère sans le vouloir plusieurs créatures dans les rues de la ville.

Tandis que Norbert et Jacob partent à la recherche des animaux fugitifs, une force magique redoutable détruit des quartiers entiers. Tina Goldstein, une ancienne Auror du Congrès magique des États-Unis d'Amérique (ou MACUSA), enquête sur ce phénomène terrifiant. Dans le même temps, Mary Lou Bellebosse, qui dirige la Fondation philanthropique du Nouveau Salem, entourée de ses enfants adoptifs, Croyance, Chasteté et Modestie, essaie de convaincre les New-Yorkais que les sorcières existent et qu'elles sont la cause de ces destructions.

Norbert, Jacob, Tina et sa sœur Queenie s'allient pour retrouver les créatures que le MACUSA soupçonne d'être à l'origine des dégâts. Lorsque Tina l'emmène au siège du MACUSA, Norbert, interrogé par Percival Graves, le directeur de la Sécurité magique, soutient que celles-ci sont innocentes... jusqu'à ce que Graves découvre dans la valise du magizoologiste une créature d'un autre genre : un Obscurus, une force maléfique qui prend possession d'un enfant sorcier quand il est contraint de refouler ses pouvoirs. Norbert avait extrait cet Obscurus de son Obscurial – c'est-à-dire de l'enfant qui l'abritait – afin qu'il ne puisse plus manifester son pouvoir. Graves est subjugué...

À la fin du film, il apparaît que la force noire qui ravage la ville est un autre Obscurus et, pis encore, que son Obscurial est Croyance Bellebosse, que Tina a tenté d'arracher à la violence de sa mère adoptive. Norbert et Tina font de leur mieux pour l'aider, jusqu'à ce que les Aurors du MACUSA anéantissent, semble-t-il, l'Obscurus. Au même moment, Percival Graves – qui n'est autre que Gellert Grindelwald déguisé par un sort de Métamorphose – est démasqué et arrêté par le MACUSA.

Fort heureusement, Norbert parvient à se servir de Frank, l'Oiseau-tonnerre, pour effacer la mémoire des Non-Maj' new-yorkais témoins des dévastations causées par l'Obscurus ainsi que des mesures magiques prises pour l'arrêter : l'oiseau largue une fiole de venin de Démonzémerveille dans les pluies torrentielles qui s'abattent sur la ville avant de s'envoler au loin. Hélas, le venin fait aussi oublier à Jacob Kowalski sa relation sentimentale avec Queenie et la solide amitié qu'il a nouée avec Norbert. Celui-ci est aperçu pour la dernière fois quittant New York pour Londres afin d'y terminer son livre, en promettant à Tina qu'il viendrait lui en remettre un exemplaire en main propre.

Comme l'explique le producteur David Heyman, *Les Crimes de Grindelwald* aborde « beaucoup de choses. Il raconte les recherches menées pour retrouver Grindelwald et la quête d'identité de Croyance. C'est à la fois une histoire d'amour, un thriller et une comédie. Ça parle de désir, d'amour et de tout ce qui se dresse entre les deux. C'est émotionnellement fort, c'est excitant et c'est magique ! ». *Les Crimes de Grindelwald* étoffe le monde des sorciers : Norbert, Tina, Queenie et Jacob découvrent de nouveaux lieux, tantôt familiers et tantôt magiques, ainsi qu'une nouvelle époque. Le film introduit également de nombreux personnages inédits, bons ou mauvais, et dévoile les moments décisifs dans la vie de héros bien connus. Place maintenant à la suite de l'histoire !

CROYANCE A SURVÉCU

À la fin des *Animaux fantastiques*, les Aurors du Congrès magique des États-Unis d'Amérique (MACUSA) attaquent Croyance alors qu'il est sous sa forme d'Obscurus, et le détruisent. Norbert remarque toutefois un petit lambeau de matière noire qui s'élève au-dessus des ruines de la station de métro avant de s'évanouir dans l'atmosphère.

LA VÉRITÉ

« Tout porte à penser que Croyance a été tué à la fin du premier film, reconnaît J. K. Rowling. Mais en réalité, et Norbert le sait bien, il est impossible de tuer un Obscurial quand il est sous sa forme d'Obscurus. L'Obscurus peut être détruit temporairement, mais la personne ne meurt pas. Croyance a donc survécu, et sa grande question est désormais : "Qui suis-je ?" »

NOUVEAU LOOK

Fae Hammond, la maquilleuse en chef, a pris grand plaisir à travailler sur la transformation physique de Croyance lorsque celui-ci se met en quête de sa mère biologique. « Quand il quitte New York, il a la tête rasée pour mieux se fondre dans la foule et être plus difficile à repérer, dit-elle. Une fois à Paris, ses cheveux ont poussé mais sa coupe est – le terme est horrible ! – miteuse. Il fallait lui donner un air sale et fatigué. C'est un clandestin : désormais, plus personne ne sait qui il est. »

Pour gagner Paris et retrouver sa mère, Croyance rejoint le cirque Arcanus. Cette troupe fascinante se compose de créatures incroyables et d'étranges sous-êtres, sans pouvoir mais descendants d'une lignée magique venant du monde entier.

L'ÉVASION DE GRINDELWALD

Le MACUSA prépare le transfert de Gellert Grindelwald en Europe, où il doit être jugé pour ses crimes. Les Sombrals du fiacre qui tient lieu de prison mobile s'élancent depuis le grenier du Woolworth Building, plongent le long de la façade puis déploient leurs ailes pour franchir l'Hudson et l'océan. « C'est une séquence très complexe qui donnera sûrement lieu à de belles montagnes russes d'ici quelques années ! » confie Martin Foley, le directeur artistique.

UNIFORMES

Grindelwald et les autres prisonniers du MACUSA portent des tenues inspirées de l'uniforme des pompiers japonais. Johnny Depp, qui interprète Grindelwald, a souhaité que le sien soit parsemé de toiles d'araignée car son personnage croupit en prison depuis quasiment six mois.

La tête de Sombral utilisée dans *Harry Potter et l'Ordre du Phénix* a été ressortie pour guider les acteurs et l'équipe technique.

SUBSTITUTION

Une supercherie de haut vol permet à Grindelwald de prendre la fuite : le détenu que transfère le MACUSA n'est autre qu'Abernathy, le chef de Tina Goldstein au Bureau du permis de baguette magique, qui a pris la place du mage noir. Deux tenues de prisonnier ont été créées, pour Johnny Depp et Kevin Guthrie (Abernathy), en plus de celles de leurs doublures. Grindelwald, désormais sous les traits d'Abernathy, récupère sa baguette, qui lui avait été confisquée quand il était en prison.

C'EST DANS LA BOÎTE !

La baguette de Grindelwald (la Baguette de Sureau) est censée être entreposée en lieu sûr, dans un coffre du MACUSA. Mais l'Auror Spielman (Wolf Roth) a une mauvaise surprise en ouvrant celui-ci : la baguette a disparu, remplacée par un Chupacabra – une sorte de lézard à six pattes aux dents acérées et de très mauvais caractère.

DE L'EAU… SANS EAU

Lors de son évasion, Grindelwald lance un sortilège qui remplit le fiacre d'eau. Pour cette scène, la production a eu recours à un procédé… qui ne requiert pas d'eau ! « Cet effet "flottant", difficile à mettre en place, a été obtenu grâce à des structures métalliques, explique Marc Mailley, l'assistant du coordinateur de cascades. De leur côté, les acteurs jouaient avec une extrême lenteur comme s'ils étaient sous l'eau. » Quant au mouvement des cheveux, il a été créé à l'aide de gros ventilateurs.

NORBERT DRAGONNEAU

Norbert Dragonneau a terminé le manuscrit de *Vie et habitat des animaux fantastiques*, publié à Londres aux éditions Obscurus. « Avec ce livre, Norbert doit faire face à une certaine célébrité qui l'embarrasse », explique Eddie Redmayne. Le magizoologiste s'intéresse moins à sa nouvelle popularité qu'à son désir d'apporter à Tina Goldstein un exemplaire de son ouvrage, comme il l'avait promis. « Norbert tente désespérément de retourner à New York pour revoir Tina, ajoute l'acteur. Mais la bureaucratie et plusieurs événements le retardent. Quand il apparaît au début du film, il cherche à obtenir un visa pour les États-Unis. »

« C'est dans la jungle, seul face à une bête redoutable qu'aucun sorcier ne voudrait approcher, que Norbert est le plus heureux, souligne J. K. Rowling. À présent, il signe des autographes, c'est affreux pour lui. Il pensait que son livre permettrait de protéger les créatures et de les faire connaître mais, en réalité, il lui complique surtout la vie. »

"I am certain this will soon be essential reading for every Hogwarts student. And who wouldn't want to get to know a Niffler!!!" DAILY PROPHET

FLOURISH & BLOTTS

Is honoured to pres
the outstandi
by NE
SCA

FA
BE
AND

F
his WO
extraor

"...it affords me great p
of young witches and
knowledge and unders
I love

Another publication by
OBSCURUS BOOKS

The largest bookshop in the Wizarding World

EXCLUSIVE RETAILER OF HOGWARTS SCHOOL BOOKS

FLOURISH & BLOTTS
North Side - Diagon Alley - London
since 1454

Providers of books & tomes for 473 years!

STANDARD BOOK OF SPELLS AVAILABLE FOR ALL GRADES!

We are open every day. From dusk till dawn.

FLOURISH & BLOTTS and OBSCURUS BOOKS
cordially invite you to the book launch of
NEWT SCAMANDER'S

FANTASTIC BEASTS
AND WHERE TO FIND THEM

Follow the writer in his worldwide quest for extraordinary creatures.

Saturday 19th of March - 7 o'clock

FLOURISH & BLOTTS
North Side - Diagon Alley - London

OBSCURUS BOOKS

UN LOOK PLUS CITADIN

Norbert a abandonné le manteau et les vêtements qu'il portait dans *Les Animaux fantastiques*. « Sa silhouette et son allure sont quasi identiques, explique Colleen Atwood, la costumière. J'ai conservé les couleurs de sa tenue initiale et les ai rendues plus urbaines, plus feutrées, un peu plus adultes ; plus civilisées en quelque sorte. Mais, sur la partie intérieure, on aperçoit une couleur qui l'assortit à ses créatures. »

MÉTAMORPHOSÉ

« Norbert a toujours été très indépendant et il ne sait pas vraiment s'y prendre avec les autres, sans qu'il sache pourquoi, confie Eddie Redmayne. Il agace beaucoup de gens en étant simplement lui-même. Or, dans le premier film, il s'est fait des amis qui ont vu ce qu'il avait de bon en lui. Cela lui a non seulement ouvert le cœur mais l'a aussi poussé à se tenir plus droit, à regarder ses interlocuteurs dans les yeux et à se sentir, peut-être, un peu plus assuré. » La menace croissante que fait peser Grindelwald sur le monde des sorciers contrecarre le désir de Norbert de vivre dans une bulle, avec pour seule compagnie ses créatures et ses nouveaux amis. « Il ne veut pas prendre parti, poursuit Eddy. Mais l'enjeu est devenu si grand qu'il est tiraillé. Son cheminement consiste maintenant à réaliser que, même s'il a jusqu'à présent tracé sa route tout seul, il est des moments où il faut choisir son camp. »

LONDRES :
RETOUR AU MINISTÈRE DE LA MAGIE

Au ministère de la Magie, Norbert découvre qu'il est interdit de voyages en raison de ce qui s'est passé à New York avec l'Obscurus. Il est interrogé par plusieurs membres du ministère – parmi lesquels Torquil Travers, le chef du Département de la justice magique, ainsi que son propre frère, Thésée Dragonneau – qui tentent de le convaincre de les aider à capturer et à détruire l'Obscurus. Apprenant que Croyance est toujours en vie, Norbert refuse.

…QUE

…ager, Norbert se rend
…dans les films *Harry*
…ssoires magiques.
…n ronron continu,
…s tas de papiers.
…ndre des notes. »
…ion !

Les graphistes en chef, Miraphora Mina et Eduardo Lima, ont redessiné l'emblème du ministère conformément à l'époque et modifié le papier à lettres officiel, en conservant la couleur violette utilisée dans les films *Harry Potter*.

DU BALAI !

Dans les couloirs du ministère bourdonne une machine qui époussète les murs et les sols. Pour *Harry Potter et l'Ordre du Phénix*, Adam Brockbank avait imaginé un balai mécanique qui n'avait pas été concrétisé. Ici, il a été demandé à la *concept artist* Molly Sole de créer son ancêtre de 1927. Celle-ci se souvient : « [La décoratrice] Anna Pinnock voulait un balai laissant autant de poussière derrière lui qu'avant son passage. Son énorme sac, à l'arrière, fuit de partout. » Par conséquent, « si vous êtes trop près, vous vous retrouvez couvert de poussière ! » précise Pierre Bohanna, le créateur des accessoires.

THÉSÉE DRAGONNEAU

Thésée Dragonneau, interprété par Callum Turner, est le grand frère de Norbert et le chef du Bureau des Aurors. Ayant découvert qu'ils avaient grandi dans la même ville, Callum et Eddie n'ont eu aucun mal à s'imaginer frères à l'écran. « Il est de Chelsea et moi aussi, raconte Callum. Nous avons grandi à dix minutes l'un de l'autre, nous nous sommes sans doute croisés des milliers de fois. Quand on vient du même endroit, on partage une même énergie. » Bien qu'il joue son aîné, Callum a en réalité neuf ans de moins qu'Eddie.

UN MAQUILLAGE DE POINTE

Fae Hammond n'a pas eu grand-chose à faire avec les cheveux de Callum afin de le faire passer pour le frère d'Eddie – les éclaircir a suffi. En revanche, Callum n'a aucune tache de rousseur alors que le visage d'Eddie en est constellé. « L'un des membres de mon équipe s'est chargé de les dessiner une à une, explique la maquilleuse en chef. Ce travail d'orfèvre était absolument nécessaire. » Cette préparation prenait environ cinquante minutes par jour.

BY SPECIAL ORDER OF THE MINISTRY OF MAGIC

ACHIEVEMENT IN MAGICAL EXCELLENCE

By virtue of the powers granted to it by The Ministry of Magic, The Department for the Regulation and Control of Magical Creatures hereby certifies that the following, NEWTON SCAMANDER *has met the required standards of excellence in a specific field as set out by the Ministry of Magic guidelines. The above named person having displayed supreme and consistent excellence in the capacity of care of magical creatures, and is awarded the title of*

• M A G I Z O O L O G I S T •

With all the rights and privileges thereunto appertaining.

BAILEY BURTS
HEAD OF HOUSE-ELF LEGISLATION

In witness whereof, we have hereunder placed our names on this twentieth day of December, Nineteen Twenty One.

ISABELLA WASHBROOK
HEAD OF THE DEPARTMENT FOR THE REGULATION AND CONTROL OF MAGICAL CREATURES

PAR ICI L'ENVELOPPE !

Callum Turner est fan du monde des sorciers depuis son enfance. « Quand j'avais dix ans, ma mère m'a donné à lire le premier tome de *Harry Potter*, se souvient-il. Je n'étais pas un grand lecteur, mais je l'ai dévoré. Le soir, en allant me coucher, j'ai souvent espéré qu'Hedwige me livre une lettre annonçant mon admission à Poudlard. » La lettre n'est jamais venue, mais l'acteur est plus que comblé d'incarner un personnage qui est allé à l'école des sorciers.

AMOUR FRATERNEL

Thésée a un très haut poste au ministère de la Magie. « C'est la voie qu'il a choisie pour défendre ses convictions, explique Callum. Norbert est un rebelle, de mon point de vue en tout cas, alors que Thésée fait partie de l'élite au pouvoir. Ils sont du même bord mais ils se battent chacun à leur manière. Quoi qu'il advienne, ils sont frères, ils s'adorent. »

Leta Lestrange

Issue d'une riche lignée de sorciers de sang pur, Leta Lestrange travaille au ministère de la Magie. Son interprète, Zoë Kravitz, en savait déjà un peu sur la famille puisque l'une de ses descendantes n'est autre que Bellatrix Lestrange, sombre personnage de la saga *Harry Potter*. « Je savais aussi qu'il s'était passé quelque chose entre Leta et Norbert. Mais c'est tout ! » confie l'actrice.

UNE SORCIÈRE EN PUISSANCE

Zoë Kravitz s'intéresse à la magie depuis toute petite. « J'achetais des livres et j'essayais de lancer des sorts. Les sorcières et le monde de la magie me fascinent, et je reste persuadée qu'ils existent. » Jouer dans *Les Crimes de Grindelwald* lui a permis de réaliser un rêve de petite fille.

OMBRE ET LUMIÈRE

« Quand Leta apparaît à l'écran, explique J. K. Rowling, on sent qu'il s'agit d'une femme qui se bat pour émerger dans la lumière. Son passé est un fardeau. Sa famille projette sur elle son ombre immense. À cette étape de l'histoire des sorciers, les Lestrange personnifient l'aristocratie pure souche. »

LA CERISE SUR LE GÂTEAU

« Leta Lestrange est une très belle aristocrate, qui porte des tenues élégantes et glamour, indique la costumière Colleen Atwood. Comme Zoë Kravitz peut tout porter, elle a été parfaite à habiller pour cette période de l'histoire. » L'une des tenues préférées de la costumière est d'un rouge cerise profond. « La couleur est sombre mais cela reste de la couleur ! »

LE SECRET DE LETA

« Leta cache un secret, qui est révélé pendant le film, confie Zoë Kravitz. Le thème de la culpabilité est toujours intéressant à explorer. Elle m'a été présentée comme une femme qui ne sait pas si elle est du côté du bien ou du mal. Selon moi, elle est à mi-chemin. »

AMOUREUX

Leta Lestrange, dont le portrait se trouve dans la cabane de Norbert dans *Les Animaux fantastiques*, est fiancée au frère de celui-ci, Thésée. « Thésée et Leta sont amoureux, indique Callum Turner. Ils ont beau se disputer, au fond, ils savent qu'ils sont faits l'un pour l'autre. C'est ensemble qu'ils veulent se battre pour la bonne cause. »

ALBUS DUMBLEDORE À LONDRES

Norbert rencontre en secret son ancien professeur, Albus Dumbledore, d'abord sur la coupole de la cathédrale Saint-Paul puis, pour échapper aux filatures, dans les ruelles de Londres, à la gare routière de Victoria Station et enfin au Lambeth Bridge.

Dumbledore, bien sûr, n'est pas encore le célèbre directeur de Poudlard qui prend Harry sous son aile. Il est beaucoup plus jeune. « Le film révèle qu'il est en partie à l'origine du départ de Norbert pour New York, puis pour Paris », relate le producteur David Heyman.

UN DUMBLEDORE EN DEVENIR

Initialement, Jude Law n'avait pas prévu de regarder les performances de Richard Harris et de Michael Gambon, qui ont tous deux incarné Dumbledore dans les films *Harry Potter*. « Mais je n'ai pas pu résister, avoue l'acteur. Outre le prétexte toujours réjouissant de revisionner les films, je voulais surtout voir ce que je pouvais retenir de leurs interprétations, tout en étant conscient qu'il n'était pas question de mimer ce Dumbledore-là mais bien d'imaginer l'homme qui le deviendra. »

ursuite
orbert
i révèle
u de Leta
n possible
se quittent,
une carte
refuge sûr.

LA MAIN GANTÉE

Les deux sorciers se retrouvent sur la coupole de la cathédrale Saint-Paul, après que le gant flottant de Dumbledore a invité Norbert à le rejoindre au sommet de l'édifice tricentenaire. Eddie adore l'entrée en scène du professeur : « Du Dumbledore tout craché ! »

LA BARBE

Les hommes des années 1920 portaient rarement la barbe. « Elle le démarque, s'enthousiasme Jude. Elle lui donne une allure inhabituelle pour l'époque. J'aime beaucoup son côté rat de bibliothèque, flamboyant mais aussi très académique. »

L'HABIT FAIT LE SORCIER

« Dans les films *Harry Potter*, Dumbledore porte des couleurs prune, ce qui sied à une robe de sorcier mais est moins adapté aux habits de ville », note la costumière Colleen Atwood, qui a opté pour du gris-vert. Jude Law renchérit : « Dumbledore fait plus ou moins partie d'une mouvance secrète du monde magique. Son manteau lui donne l'air d'un espion. »

LA MÉNAGERIE SOUTERRAINE DE NORBERT

L'un des lieux les plus époustouflants des *Animaux fantastiques* est l'intérieur de la valise de Norbert, composé d'une infinité d'écosystèmes magiques pour les créatures qu'il transporte ou sauve au fil de ses aventures. Dans *Les Crimes de Grindelwald*, Stuart Craig a déployé ses talents de décorateur afin de créer un sous-sol entièrement dédié à l'incroyable ménagerie du magizoologiste.

À LA MAISON

« Norbert vit dans un appartement austère et froid du sud de Londres, explique Eddie Redmayne. Mais fidèle à lui-même, il cache dans son sous-sol une ménagerie absolument ahurissante, dans laquelle il soigne les créatures blessées ou souffrantes. L'appartement ne lui correspond pas vraiment. C'est seulement dans sa ménagerie que Norbert exprime sa véritable personnalité. C'est ça, sa maison. »

OÙ DORMIR ?

La question s'est posée de savoir si Norbert dormait dans son appartement. « Ça ne me paraissait pas logique, observe Eddie. Il se sent bien plus à l'aise en pleine jungle ou sur le terrain. Il a vécu dans sa valise toute l'année durant laquelle il s'est documenté pour *Vie et habitat des animaux fantastiques.* » Pour l'acteur, il ne fait aucun doute que Norbert vit au sous-sol et dort dans un hamac.

Les escaliers du sous-sol sont un clin d'œil aux escaliers mobiles de Poudlard.

LE SOUS-SOL

Norbert a ensorcelé le sous-sol de sa maison de style géorgien pour créer sous ses arcades de briques des environnements adaptés aux créatures. « Grâce aux effets visuels, les paysages et les écosystèmes des animaux s'étendent à l'infini, explique Stuart Craig. C'est une forme de magie un peu complexe. » Les escaliers de la ménagerie servent aussi de piliers à la salle, ce qui serait impossible sans un coup de baguette cinématographique !

BUNTY

Victoria Yeates incarne Bunty, l'assistante de Norbert. « Leur amitié est merveilleuse, indique Eddie Redmayne. Norbert a beaucoup d'affection pour elle, et elle a un petit, ou plutôt un gros, faible pour lui. Norbert, évidemment, ne se rend compte de rien. » Martin Foley, le directeur artistique, a été rassuré d'apprendre son existence : « Nous nous demandions qui s'occupait des créatures quand Norbert partait vivre ses aventures ! »

QUESTION DE MŒURS

Selon J. K. Rowling, le comportement de Norbert envers ses animaux est tout à fait ordinaire pour notre sensibilité moderne. « Mais le monde n'a pas toujours été ainsi, dit-elle, et dans certains endroits du globe aujourd'hui, ça n'est clairement pas l'attitude des gens vis-à-vis de la nature. C'est le cœur même du personnage de Norbert. En réalité, il défie les lois magiques de son époque pour sauver certaines créatures. »

L'HISTOIRE DE LA CABANE

À l'origine, le sous-sol devait uniquement comporter de nombreux escaliers, un espace de travail et des écosystèmes magiques. « Mais Stuart [Craig, le chef décorateur] a décidé d'installer en plein milieu la cabane qui était à l'intérieur de la valise dans le premier film, raconte Martin Foley. David Heyman, le producteur, s'est alors exclamé : "Mais elle est dans la valise ! Et la valise est sur la table. Ça ne va pas du tout." » Faisant fi de la perplexité de l'équipe, Stuart a rétorqué : « Elle sera au centre de tous ces escaliers. Ce sera génial. »

De vieux amis

PICKETT

Bien qu'il rechigne à désigner quelle est sa créature préférée entre toutes, Eddie Redmayne confesse un faible pour Pickett le Botruc. « Norbert a vraiment une tendresse particulière pour lui, confie-t-il. Et moi aussi ! Cette toute petite brindille est si affectueuse ! »

ICI OU LÀ

Pickett vit dans son écosystème ou sur le bureau de Norbert. « Il y a un arbre sur le bureau, explique Pierre Bohanna. Pickett saute de la poche pour aller piquer un somme, se la couler douce ou mâchonner une feuille. »

Selon Robin Guiver, manœuvrer Pickett revient à bouger trois baguettes avec une seule main !

UNE MARIONNETTE ÉLABORÉE

Pickett fut un grand défi pour le marionnettiste Robin Guiver. « Techniquement, il s'agit de la marionnette la plus complexe de toutes, dit-il. Nous devons manier de longues tiges très fines. Sans compter qu'il est minuscule ! Mais j'ai vraiment fini par aimer notre Pickett. Nous parvenons à exprimer beaucoup de choses dans sa relation avec Norbert. Chaque fois qu'il est présent dans une scène, nous prenons plaisir à imaginer ses gestes, ses déplacements et ses interventions. »

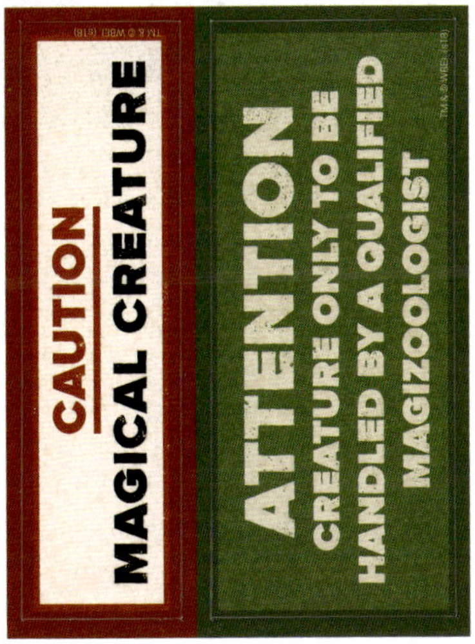
CAUTION
MAGICAL CREATURE
ATTENTION
CREATURE ONLY TO BE
HANDLED BY A QUALIFIED
MAGIZOOLOGIST

LE NIFFLEUR

« Le Niffleur revient pour se venger ! » clame Eddie Redmayne. L'acteur est d'autant plus ravi du retour du Niffleur… qu'il a fait des petits. « Ça n'est donc plus un seul, mais toute une famille qui nous vole la vedette. Autant vous dire qu'ils causent à Norbert quelques sueurs froides, poursuit l'acteur. Essayer de gronder toute une portée de bébés a été l'une de mes scènes préférées. »

« Le Niffleur est le chouchou incontesté, souligne Robin Guiver. Il est petit, câlin, malin et insolent, et dans ce film comme dans le précédent il a un rôle déterminant dans l'histoire. »

UN DÉLUGE DE NIFFLEURS

« Certains bébés Niffleurs avaient été dotés d'une petite tige dans la tête pour les échanges de regard et les interactions, indique Robin Guiver. D'autres étaient fixés au bout d'une tige que nous pouvions déplacer très rapidement. D'autres encore étaient des sortes de grosses balles noires lestées. » Toutes ces marionnettes ont permis aux acteurs d'évaluer les interactions physiques avec les Niffleurs, notamment en ayant une idée de leur poids et des sensations qu'ils procurent au toucher.

NOUVELLES CRÉATURES

LE KELPY

Le Kelpy de Norbert est une sorte de cheval sous-marin pourvu d'une longue crinière d'algues. Doté d'une force phénoménale et redouté pour sa morsure, il est difficile à apprivoiser. Une fois maîtrisé, le Kelpy permet de se déplacer très rapidement sous l'eau. Pour ses mouvements, les animateurs se sont inspirés de ceux des chevaux, des méduses et des calmars. Dans *Les Crimes de Grindelwald*, Norbert plonge pour appliquer un onguent sur la blessure de son Kelpy, qui l'emporte dans une folle chevauchée.

PLONGÉE EN EAUX TROUBLES

La séquence dans laquelle Norbert chevauche le Kelpy a été filmée dans l'un des plus grands bassins de tournage d'Europe. Il a été demandé à Eddie Redmayne de réaliser la majeure partie de la cascade. L'acteur a répété la scène avec du matériel de plongée avant de jouer en apnée : arrimé à un dispositif spécial, il est tiré dans l'eau avant de jaillir en surface pour poursuivre sa chevauchée. « Eddie a été absolument génial », confie Marc Mailley, l'assistant du coordinateur des cascades.

LE LEUCROTTA

Le Leucrotta ressemble à un cerf ou un élan… à ceci près que sa bouche est é-nor-me ! « Dans le film, Bunty doit y rentrer la tête pour l'examiner, raconte Robin Guiver. Nous avons utilisé un grand cerceau en fer ordinaire en ajoutant des yeux au-dessus ainsi qu'un grand sac en dessous, de manière à former les bonnes ombres et à donner à Victoria [Yeates], l'interprète de Bunty, un objet avec lequel interagir. »

L'AUGUREY

En explorant la ménagerie, Jacob Kowalski découvre l'Augurey, une sorte de hibou qui vient à lui tandis qu'il déambule dans les lieux. « Nous avons fabriqué une petite marionnette qui le suit partout », explique Robin. Pour fournir un repère visuel aux acteurs, les marionnettistes ont utilisé un ballon en mousse sur lequel ils ont peint des yeux et collé quelques plumes.

LE PITIPONK

Norbert emmène à Paris un Pitiponk. Cette créature en forme de volute de fumée est très utile pour briser les sortilèges de repérage.

PRENDRE SOIN DES CRÉATURES

Le sous-sol de Norbert abrite tout ce qui lui est nécessaire pour soigner les animaux malades : du matériel spécifique, des crèmes qui soulagent les douleurs et les dards de Billywig séchés que le magizoologiste a utilisés pour soigner la morsure de Murlap de Jacob Kowalski. Les stocks de nourriture se composent d'araignées, de mites, de cloportes et de champignons.

Norbert utilise une pipette spéciale pour mettre des gouttes dans les grands yeux d'un de ses Veaudelunes.

LE MATÉRIEL DU MAGIZOOLOGISTE

La décoratrice Anna Pinnock est allée visiter le service vétérinaire du zoo de Londres. « Il y avait des bouts de ficelle, des tuyaux et du carton avec lesquels les vétérinaires improvisent leur matériel de soin. Nous avons voulu faire pareil », raconte-t-elle. Norbert dispose aussi d'une énorme machine à rayons X. « Nous nous sommes inspirés d'un modèle des années 1950, poursuit la décoratrice. Et nous avons décoré de divers détails une grosse lampe chirurgicale tirée de la même décennie. C'est très drôle d'apporter à des objets d'époque des détails d'un autre temps ! »

MISE EN BOUTEILLE

Les élixirs, les potions et les teintures sont conservés dans des flacons dont les étiquettes ont été conçues, écrites et collées par les graphistes et accessoiristes.

UN JEU HARASSANT

« Jouer avec des animaux virtuels est assez dingue, raconte Eddie Redmayne. C'est aussi bizarre que ça en a l'air. Il arrive que je travaille sans rien. Pickett, par exemple, il faut simplement l'imaginer. Parfois, je regarde un repère sur un bâton. D'autres fois, l'équipe des marionnettistes fait de véritables prouesses. Et il arrive que je me retrouve face à des gens en combinaison verte intégrale. Ils ont l'air ridicule mais il faut faire comme s'il s'agissait de créatures absolument merveilleuses ! Je finis la journée épuisé parce que mon imagination a été pressée dans tous les sens. Mais j'adore ça ! »

Queenie Goldstein

Interdite dans la communauté magique new-yorkaise, la relation amoureuse entre Queenie Goldstein et Jacob Kowalski semblait s'être achevée après le sortilège d'Amnésie qui frappe le Non-Maj' à la fin des *Animaux fantastiques*. Il n'en est rien : quelques mois plus tard, Queenie a aidé Jacob à recouvrer la mémoire de leur histoire et elle l'a emmené à Londres.

LA FOLIE DES CARREAUX

Apprenant que son personnage se rendait en Angleterre, Alison Sudol s'est dit que « Queenie aurait envie d'être en harmonie avec son environnement ». Elle a donc suggéré à Colleen Atwood de lui faire une tenue en tartan, que celle-ci a confectionnée dans un véritable tissu des années 1930. Queenie arbore également un manteau en tweed et de nombreux bijoux. « Elle est toujours aussi féminine, explique Colleen, mais elle est devenue plus adulte et plus chic. »

Le col de la robe de Queenie évoque la forme des ailes d'un papillon car, souligne l'actrice, « il s'opère en elle comme une transformation ».

LE CŒUR A SES RAISONS

Les lois américaines étant plus strictes que les lois européennes sur les relations entre sorciers et Non-Maj', Queenie quitte New York avec Jacob. « En gros, explique Alison, les lois draconiennes sur les interactions avec les Non-Maj' disent "Évitez-les". »

LE BIEN ET LE MAL

« Queenie enfreint la loi en revenant vers Jacob, confie Alison. On comprend qu'ils sont en couple depuis un moment, et que cela a creusé un énorme fossé entre elle et [sa sœur] Tina. Queenie veut être avec Jacob, qu'il le veuille ou non, mais cela ne marche pas très bien entre eux. C'est ce qui déclenche son périple en solitaire. » Selon Alison, Queenie « est complètement perdue. Elle est sur un chemin qui la mènera à la sagesse et à la maturité, mais ce ne sera pas facile ».

JACOB KOWALSKI

« Queenie emmène Jacob dans la campagne anglaise pour reformer la bande, raconte Dan Fogler (Jacob). Ils retrouvent Norbert et, tout de suite, celui-ci demande à Jacob ce qui lui arrive parce qu'il est excessivement jovial. » En réalité, Queenie l'a ensorcelé. « Cette première scène a été très drôle à jouer, se souvient Dan. Je verse des tonnes de sel dans mon repas, je me mets des trucs sur la tête – comme si j'étais ivre de vie ! »

LA FOLIE DES CARREAUX (ENCORE !)

La garde-robe de Jacob reflète le succès de sa carrière de pâtissier. « Ses costumes tombent mieux, souligne Colleen Atwood. Toutes les pièces sont coupées dans le même tissu, et les chaussures sont assorties, ça lui donne du style. » Le tissu en question est une laine anglaise très fine à carreaux bleus et noirs. Au total, huit costumes ont été conçus : cinq pour Dan Fogler, un pour sa doublure et deux pour son cascadeur.

UN NON-MAJ' AU GRAND CŒUR

« Ce qui est fabuleux chez Jacob, confie Dan, c'est qu'il se retrouve en plein chaos, mais comme c'est un gars génial, il est du genre à dire "Je ne sais pas ce que je fais là, c'est complètement fou mais, OK, je vais vous aider". Il a si bon cœur qu'il ne peut s'empêcher d'aider les autres. » L'acteur avoue que lui dirait plutôt : « Hé ho, attendez ! Arrêtez tout, sortez-moi de là ! Je ne vais pas risquer ma vie une fois de plus ! »

AVIS DE TEMPÊTE

Quand Norbert brise l'enchantement, Jacob comprend que Queenie l'a ensorcelé pour lui faire quitter New York, ce qui le contrarie beaucoup. Ils se disputent, et la jeune femme part en courant sous la pluie. Pour Dan, même si l'histoire est celle d'une société magique, « elle s'inspire des rapports de la vie réelle, c'est pourquoi les spectateurs peuvent tant s'y identifier ».

TINA GOLDSTEIN

Selon Katherine Waterston, quand Tina perd son titre d'Auror, « elle s'inquiète pour sa carrière mais ne perd jamais complètement confiance en elle. Dans *Les Animaux fantastiques*, elle suit son intuition, laquelle conduit à l'arrestation de Grindelwald ». À présent, Tina écoute cette même intuition pour retrouver et sauver Croyance.

TINA ET CROYANCE

Pour l'actrice, si Tina se soucie autant de Croyance c'est en raison de son propre lien avec sa sœur. « Tina s'est sentie responsable de Queenie quand elles ont perdu leurs parents, explique-t-elle, et elle se sent désormais responsable de n'importe quel enfant. C'est ce qui la pousse vers Croyance. » Tina lui a promis qu'elle et Norbert le protégeraient. « Et elle n'est pas du genre à revenir sur sa parole ! »

Fae Hammond estime que la nouvelle coiffure de Tina traduit sa maîtrise de la situation. « Rien ne vaut une coupe au carré, qui, de plus, la rend très élégante », dit-elle.

VRAI BLEU

Katherine Waterson et Colleen Atwood ont hésité à faire porter à Tina le manteau bleu traditionnel des Aurors. « Tina n'est pas convaincue que le MACUSA approuverait son désir de sauver Croyance, commente l'actrice. Elle mène son enquête en cachette. » La costumière a donc conçu un manteau de style détective en cuir bleu, à la taille cintrée. « Ce manteau pesait une tonne ! poursuit-elle. Rien que pour l'enfiler chaque jour, c'était du sport. »

TINA ET NORBERT

Tina met brutalement fin à sa correspondance avec Norbert quand elle lit dans un tabloïd que le magizoologiste est fiancé à Leta Lestrange. « Elle décide de passer à autre chose, explique Katherine. Mais Norbert débarque à Paris et la poursuit jusqu'à lui faire entendre la vérité. » Le couple a-t-il une chance ? « Une chance qu'elle lui donne un coup de pied dans les tibias, oui ! rit-elle. Elle est furieuse. Elle pense avoir été plaquée. Elle a sa fierté, elle essaie de ne rien laisser paraître mais, bien sûr, Norbert n'est pas dupe. »

JOURNAUX, LIVRES ET MAGAZINES

LES GARGOUILLEMENTS FABULEUX DES NOUVELLES FRANÇAISES

LE CRI DE LA GARGOUILLE

2e ÉDITION DE PARIS – LUNE EN LION – 1927 – N° 22264 – 25 CENTIMES

EN EXCLUSIVITÉ EN EXCLUSIVITÉ EN EXCLUSIVITÉ

CATASTROPHE AU CIRQUE

Éditorial

LES SORCIERS FRANÇAIS SONT TERRORISÉS

LA SÉCURITÉ FRONTALIÈRE SOUS PRESSION

LES CRÉATURES S'ÉCHAPPENT

Exclusivité

DES SORCIÈRES DE CAXAMBU APPARAISSENT À VERSAILLES

Novelle Breves

3000 PIÈCES DE MONNAIE TROUVÉES SUR UN NIFFLER À CANNES

NAPOLÉON ÉTAIT UN MAGICIEN RÉVÈLE MAGELLARD DANS UN NOUVEAU LIVRE

RECOMPENSE POUR LA CAPTURE

DES AURORES DE L'ÉTRANGER ARRIVENT EN FRANCE

M. Guillory demande au sorcier de ne pas rejoindre l'armée de GRINDELWALD

Dernières Nouvelles

Le Bureau de la Justice Magique vas publier un pamphlet d'avertissement

DES SORCIERS SOMBRES SONT PARMI NOUS

LA MONA LISA OUBLIE DE RETOURNER DANS SON CADRE

L'Arc de Triomphe n'est pas un portoloin, rappelle le Département de la Magie

DES ÉTUDIANTS DE BEAUXBÂTON DANS UN SCANDALE DE LA POTION!

DERNIÈRES NOUVELLES

Les œuvres inédites de MALECRIT trouvées dans la grotte des Dragons!

UN CAMEMBERT EMPOISONNÉ TUE UN LAPIN GÉANT

Faits Divers

LA SORCIÈRE ROUSSE APERÇUE À LYON

Un magicien Animagus dans l'affaire du canard

Bref

Mr. Sanfin a importé des chaudrons avec des fonds

Note Du Jour

La Vie Sportive

Bulletin Commercial

5 Façons d'économiser vos BEZANTS!

Spectacles Les Théâtres

Le Coin de Nicolas Flamel

Les énigmes de l'Alchimie résolues

LUNE EN LION 1927

Toutes Correspondances Doivent Être Envoyées Par Retour De Chouettes

Pour *Les Crimes de Grindelwald*, le département graphique s'est appliqué à créer un journal sorcier français, plusieurs magazines à scandale ainsi que le livre de Norbert, *Vie et habitat des animaux fantastiques*.

LE CRI DE LA GARGOUILLE

Le quotidien d'actualité des sorciers français s'appelle *Le Cri de la Gargouille*. « De loin, il ressemble à un journal moldu de l'époque », explique Eduardo Lima. « Et son contenu traite des événements du monde magique et des actualités locales », ajoute Miraphora Mina. Les titres de une font écho à ceux du *New York Ghost* : DES SORCIERS SOMBRES SONT PARMI NOUS ou encore LES SORCIERS FRANÇAIS SONT TERRORISÉS. D'autres articles sont moins effrayants : 3 000 PIÈCES DE MONNAIE TROUVÉES SUR UN NIFFLEUR À CANNES, 297 BAGUETTES VOLÉES DANS LA BOUTIQUE COSME ACAJOR. Il est par ailleurs rappelé que L'ARC DE TRIOMPHE N'EST PAS UN PORTOLOIN.

FOR ALL AMERICAN WITCHES!
The Witch's Friend
BRITANNIA
NEWT SCAMANDER
BRITISH BACHELOR EXTRAORDINAIRE
FEBRUARY
1927
2/5
D
FANTASTIC BEASTS THE CRIMES OF GRINDELWALD
TM & © WBEI (s18)

LA PRESSE À SCANDALE

Sortilège : secrets de célébrités et conseils magiques de stars et le *Wizard Enquirer : incantations sensationnelles pour votre plus grand plaisir* rappellent les magazines à scandale des Non-Maj'. Ce sont eux qui amènent Tina à croire que Norbert est fiancé à Leta Lestrange. La couverture d'un numéro de *Sortilège* mentionne par ailleurs un individu au nom familier – un certain Fleamont Potter.

VIE ET HABITAT DES ANIMAUX FANTASTIQUES

Miraphora Mina avait déjà imaginé une version du manuel *Vie et habitat des animaux fantastiques* pour *Harry Potter à l'école des sorciers*. Cette première édition du livre de Norbert datant de 1927 reprend en couverture les lignes pures des typographies typiquement Art déco.

PARIS, 1927

« D'un point de vue créatif, artistique et social, le Paris des années 1920 bouillonnait d'idées, confie le réalisateur David Yates. C'était une époque passionnante. C'est un choix merveilleux et sublime pour le récit. »

« Avec la saga des *Animaux fantastiques*, j'explore de nouveaux lieux, pays et aspects du monde magique. C'est une joie et une fierté immenses ! » rapporte J.K. Rowling.

VIVE LA DIFFÉRENCE !

« Paris est très différent de New York, confie le producteur Tim Lewis. La culture est différente, tout est différent, jusqu'à l'aspect même de la ville. New York est très symétrique, à l'inverse de Paris. » Mais en 2017, il ne restait plus trace du Paris de 1927, tout comme le New York de 1926 n'existait plus pour le tournage des *Animaux fantastiques* en 2016. Ses rues ont donc été recréées aux studios Leavesden.

SOUS TOUS LES ANGLES

Le décor de Paris a « recouvert » celui de New York. « New York est rectiligne, contrairement à Paris, où, à certains carrefours, cinq rues se rejoignent pour n'en former plus qu'une et ce, avec des angles divers, souligne Martin Foley de l'équipe artistique. Stuart [Craig] a dû redécouper le quadrillage new-yorkais. Nous avons aussi créé des passages surélevés à l'aide de marches et de pentes. » Certaines façades ont été construites par-dessus celles du premier film. Pour peu que cette pratique perdure, « au cinquième film, il y aura cinq façades bâties les unes devant les autres. À la fin, les rues deviendront vraiment étroites ! » rit Martin.

Norbert et Jacob empruntent un Portoloin illégal (un seau) pour rejoindre Paris depuis les falaises de Douvres.

« Tout le monde portait un chapeau à l'époque, note la costumière. Ceux que j'ai imaginés sont un peu fantasques – mais c'est Paris, tout est possible ! »

ÉLÉGANCE FRANÇAISE

Colleen Atwood s'est réjouie que l'histoire se déroule à Paris, une ville célèbre pour son élégance et son style. Pour les costumes parisiens, elle a conçu des silhouettes plus marquées : épaules larges, jupes longues et fluides. « À mesure que l'atmosphère de l'histoire devient plus sombre, le style s'aiguise et devient plus spectaculaire », explique la costumière.

GRINDELWALD À PARIS

Quand il arrive à Paris, Gellert Grindelwald s'installe dans une maison de Non-Maj'. « Grindelwald a un plan, explique le producteur David Heyman. Il essaie de trouver des soutiens et de manigancer des événements en faveur d'une cause qu'il estime nécessaire « pour le plus grand bien » : faire sortir la communauté magique de l'ombre afin qu'elle devienne la force dominante du monde. »

DANS LA BOUCLE

Colleen Atwood confie que pour elle et Johnny Depp « le personnage de Grindelwald requérait une petite touche alpine », Grindelwald étant le nom d'un village des Alpes suisses. La costumière a donc imaginé une version longue du *lederhosen*, de hautes bottes bardées de boucles, et une ceinture, pleine de lanières et de boucles, portée sur le pantalon taille haute. Un long manteau complète la tenue du sorcier.

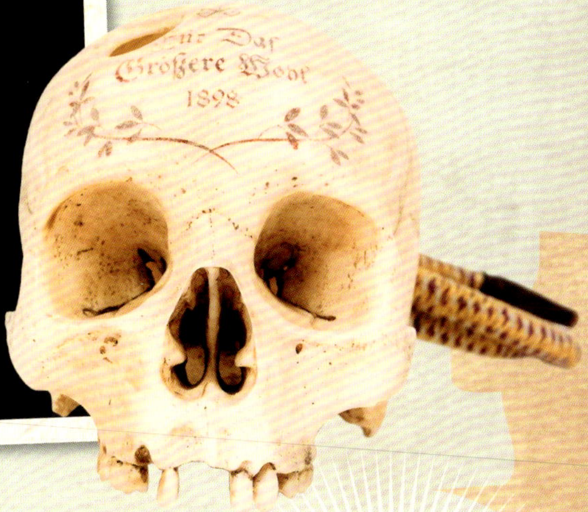

Für Das Größere Wohl sur le crâne, signifie « Pour le bien de tous. »

TÊTE DE MORT

Grindelwald extrait les pensées et les émotions de ses victimes puis les transfère dans un crâne relié à un narguilé. La fumée qu'il exhale en fumant cette mixture lui procure des visions. Pour ce narguilé original, Stuart Craig a déniché un crâne que le *concept artist* Rob Bliss a ensuite décoré. « En Europe, c'était une coutume d'orner les crânes, explique Rob. Pour commémorer une personne, son crâne était peint de roses et de mots écrits en lettres gothiques. »

LA FIOLE INFÂME

L'ornementation de la fiole que Grindelwald porte autour du cou a été dessinée par la *concept artist* Molly Sole. « J'ai cherché à symboliser ce qui avait le plus d'importance pour lui. Comme il est obsédé par les Reliques de la Mort, le bijou devait refléter cette partie de sa personnalité », explique-t-elle. Les graphistes ont ensuite gravé les initiales du mage noir sur la fiole.

LES DISCIPLES DE GRINDELWALD

Grindelwald rassemble autour de lui un groupe de partisans, dont les plus proches sont les Disciples. Par souci d'uniformité, les Disciples portent une veste à multiples boucles et un chapeau à bord aigu. « Or, ils forment un ensemble excentrique, confie la costumière Colleen Atwood. Ils sont très différents, certains pensent, d'autres exécutent. J'ai tenté de donner à chacun un détail qui lui corresponde. »

VINDA ROSIER

Poppy Corby-Tuech incarne Vinda Rosier – ce nom évoquera pour les fans de *Harry Potter* l'un des Mangemorts de Voldemort. C'est elle qui mène Queenie à Grindelwald, lequel attire la jeune Américaine dans son giron. « Grindelwald joue très bien de son côté à la fois charmant et absolument terrifiant, raconte l'actrice. Il est très charismatique et il n'est pas étonnant que tant de gens le suivent : il est très persuasif. »

ABERNATHY

Le scénario des *Animaux fantastiques* décrivait Abernathy (interprété par Kevin Guthrie) comme un « employé tatillon ». Kevin l'appelle à présent « "le converti", parce qu'il est sous l'emprise de Grindelwald. C'est un disciple de la cause, bien qu'il soit plutôt un souffre-douleur ». Pour l'acteur, Abernathy est prêt à tout pour plaire au mage noir, « et il est capable pour cela d'aller très loin ».

NAGEL

Claudius Peters, l'interprète de Nagel, appelle les partisans du sorcier « "des révolutionnaires". Ils veulent rendre le monde meilleur, de leur point de vue en tout cas, c'est pour cela qu'ils ont rejoint l'équipe de Grindelwald ». Colleen Atwood indique que le visage de Claudius « raconte mille histoires. Cet acteur a un charisme incroyable même sans rien faire, aussi l'ai-je laissé très mince, pas trop vêtu ; il a une élégance naturelle ».

CARROW

Carrow, qui n'est toujours appelée que par son nom de famille, devrait, elle aussi, toucher la corde sensible des fans de *Harry Potter* : son nom suggère une parenté avec les Mangemorts Alecto et Amycus Carrow.

LES POURSUIVANTS

YUSUF KAMA

Yusuf Kama (William Nadylam) rencontre Tina au cirque Arcanus et lui confie qu'il pense être apparenté à Croyance : selon lui, ils seraient les derniers mâles d'une lignée de Sang-Pur. Mais c'est un mensonge. Yusuf kidnappe et enferme Tina, qui découvre que Kama veut la mort de l'Obscurus.

« Kama était un sorcier d'un niveau exceptionnel, mais il a traversé des moments difficiles », dévoile Colleen Atwood. David Yates lui a demandé de « donner l'impression qu'il avait eu les plus beaux habits du monde, mais qu'il les portait encore vingt ans plus tard ».

UNE PROMESSE À BRISER ?

Yusuf Kama fait partie des personnages entre le bien et le mal. Le sorcier veut se venger en raison d'une promesse faite à son père, mais sa rencontre avec Tina et Norbert « change sa destinée d'une façon qu'il n'avait pas envisagée, explique William Nadylam. Il découvre que les choses ne correspondent pas exactement à ce qu'il pensait. Grâce à eux, il découvre qu'il a du bon en lui ».

Norbert et Jacob délivrent Tina, et Norbert, découvrant que Kama a été infecté par des parasites de dragon, le soigne après qu'ils ont transplané tous les quatre jusqu'à l'abri recommandé par Dumbledore.

GUNNAR GRIMMSON

Norbert ayant refusé de retrouver Croyance pour le compte du ministère de la Magie, soucieux d'anéantir l'Obscurus, Gunnar Grimmson est embauché à sa place. « Grimmson est le jumeau maléfique de Norbert, indique David Yates. Norbert capture les créatures pour les protéger, Grimmson les traque pour les tuer. » L'acteur Ingvar Sigurðsson incarne ce violent chasseur de primes, qui a chassé et détruit un Obscurus quinze ans plus tôt.

AVIS DIVERGENTS

« Grimmson est la némésis de Norbert, confie Eddie Redmayne. À l'évidence, ils se sont déjà rencontrés. » « Et ils se détestent ! » ajoute Ingvar. Tous deux ont des opinions diamétralement opposées sur les créatures magiques. « Grimmson tue celles qui pourraient révéler l'existence des sorciers, explique Eddie, alors que Norbert veut nous les faire comprendre pour mieux les protéger, ainsi que les sorciers. »

LA PLACE CACHÉE

Les étudiants de Poudlard (et leurs parents) achètent leurs robes, leur équipement de Quidditch et leurs ingrédients à potions sur le Chemin de Traverse, à Londres. Paris possède une rue similaire, bordée de boutiques et de restaurants sorciers : la Place Cachée. Sa grande différence avec le Chemin de Traverse ? Ce sont deux lieux en un !

Le cirque Arcanus s'est installé sur la Place Cachée.

…ÈTE

… d'une rue … ieu magique, … te, en plus … ques. … e une statue de femme en robe qui écarte subtilement son vêtement au passage d'un sorcier – lequel accède alors, via le socle, au monde magique. « C'est un peu comme l'entrée du quai 9 ¾ », explique le décorateur en chef, Stuart Craig.

CLINS D'ŒIL

Stuart Craig a tenu à rendre hommage au Chemin de Traverse. « Sur le Chemin de Traverse, il y a une boutique de chaudrons, rappelle la décoratrice Anna Pinnock. Nous avons créé sa version française avec les mêmes objets de cuivre, comme les moules à gelée. » Quant au magasin de bonbons, « puisqu'il y en avait un sur le Chemin de Traverse, il aurait été incorrect de ne pas en mettre un ici ! ».

FIÈVRE ACHETEUSE

Bien qu'aucun des personnages principaux ne rentre dans les boutiques de la Place Cachée, celles-ci débordent à l'évidence de marchandises. Pour les remplir, Anna Pinnock et son équipe ont écumé les nombreux marchés aux puces français. « Nous sommes partis en camion, raconte la décoratrice, et nous avons acheté encore et encore, avant même d'avoir le scénario. Tout a servi ! » Les objets plus spécifiques ont été trouvés sur Internet. « Les boules de cristal ont été achetées en ligne, poursuit-elle. Nous avions les stocks des *Animaux fantastiques* et des films *Harry Potter*. Il y a des tas de choses dans les réserves, mais ce n'est jamais suffisant ! »

STYLE D'ÉPOQUE

On trouve de tout Place Cachée : du matériel de Quidditch (chez Gaston McAaron), des chaudrons, des hiboux, des cages… « C'est amusant de découvrir leurs ancêtres ! » confie Stuart Craig. En 1927, les courants artistiques évoluent. « L'Art déco ne bat pas encore son plein mais le modernisme est bien là », ajoute le décorateur en chef.

PAYS DES MERVEILLES

Avec *Les Crimes de Grindelwald*, J. K. Rowling montre une fois encore que les mondes magique et non magique coexistent bien souvent dans un même espace. « L'une des choses qui m'a toujours fasciné dans l'univers de J. K. Rowling, rapporte Eddie Redmayne, c'est la fabuleuse idée que, en grattant un peu à la surface de nos petites vies dans nos villes, se révèle un univers fourmillant, magique et brillant. Et Paris est le décor idéal pour Jo [J. K. Rowling], qui lève peu à peu le voile sur cet autre monde, rempli de détails fantaisistes et extraordinaires. J'adore ! »

DOUBLE VERSION

La Place Cachée existant en deux versions (magique et non magique), les graphistes et les accessoiristes ont dû l'habiller deux fois. « Nous avons fabriqué la même quantité de panneaux et de marchandises pour les boutiques de sorciers et de Non-Magiques. Parfois, la quantité d'objets à créer a été vraiment écrasante ! » avoue Eduardo Lima. « Et comme nous ne savions pas ce qui serait visible à l'écran, nous avons dû tout créer de A à Z », ajoute Miraphora Mina. L'un des principaux défis des graphistes a été de produire des objets d'aspect neuf. « Instinctivement, nous avons tendance à vouloir donner un aspect vieilli à ce qui date d'une autre époque, poursuit Miraphora. Mais si le journal vient de paraître, il est frais et neuf ! »

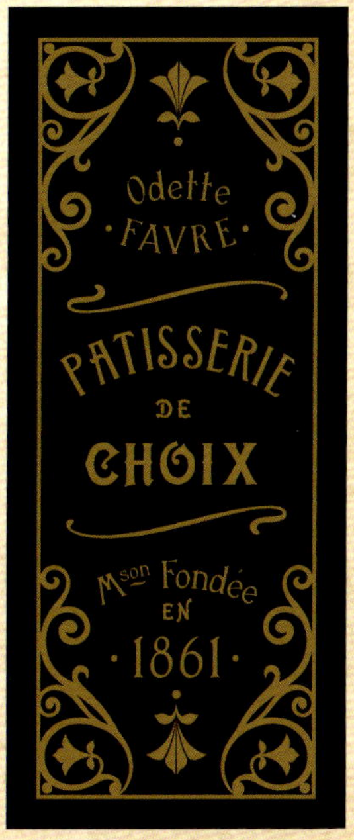

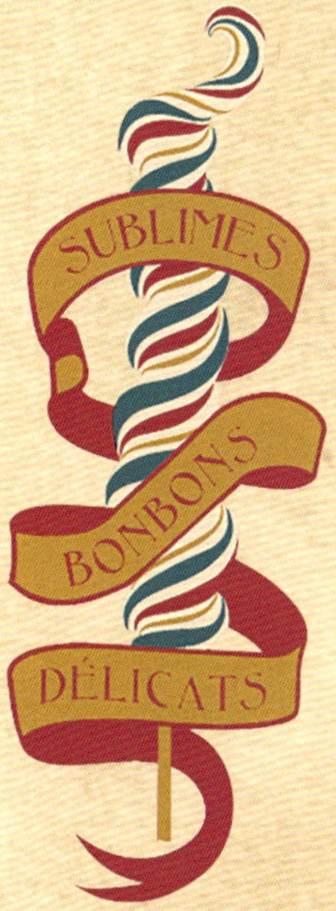

Le cirque Arcanus

Tina a fini par retrouver Croyance à Paris, au cirque Arcanus. Créer un cirque magique a été pour Stuart Craig un défi d'autant plus stimulant que le cirque Arcanus a des côtés troublants : « Ici, pas de clowns, de voitures rigolotes, de lions et de tigres, mais des créatures profondément tristes. Ce sont des phénomènes de foire plutôt que des personnages de cirque ordinaires. »

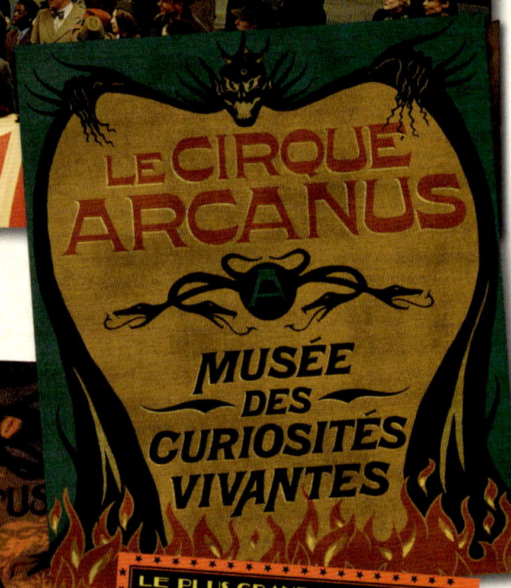

ART RUDIMENTAIRE

À l'entrée du cirque, des bannières colorées annoncent les créatures vedettes et les divers numéros. Pour imiter le style des affiches des années 1920, Julian Walker, créateur des illustrations et du lettrage, a dû s'empêcher de trop bien faire : « Elles sont assez mal peintes, explique-t-il, car à l'époque, les gens se disaient que n'importe quel artiste ferait l'affaire ! Cependant, malgré leur aspect sommaire, elles sont fortes visuellement parlant. »

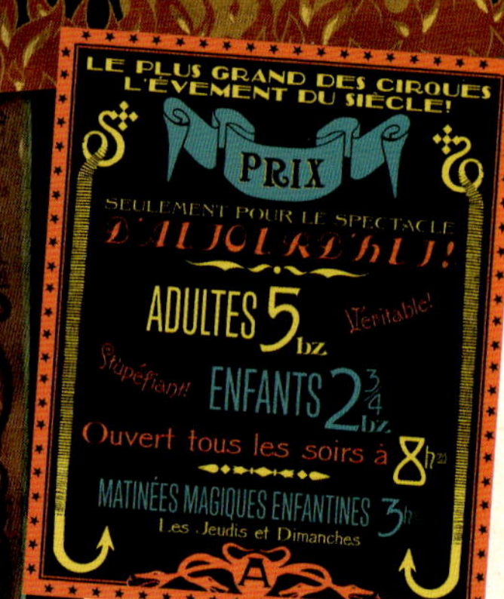

L'HOMINIDÉ
VELU AUX
PIEDS RETOURNÉS

ABARIMON

!STUPÉFIANT! !VÉRITABLE!

MALEDICTUS

VENU DES
PROFONDEURS
DE LA JUNGLE
INDONÉSIENNE

!INDUBLIABLE!

Ouvert
tous les
soirs à
8 hres

PRIX
ADULTES 5 bz
ENFANTS 2¾ bz

Les
Jeudis et
Dimanches

MATINÉES
MAGIQUES
ENFANTINES
3 hres

POUR LA PREMIÈRE FOIS EN FRANCE!

POUR DEUX SEMAINES SEULEMENT

AU CROISEMENT DU
Boulevard Voltaire et de la Rue Richer - Paris

LE PLUS GRAND DES CIRQUES
L'ÉVÉMENT DU SIÉCLE!
SON UNIQUE COLLECTION DE
PHÉNOMÈNES!
CIRQUE
ARCANUS
MUSÉE DES CURIOSITÉS VIVANTES
A
BIZARRES
SOUS-ÊTRES MAGIQUES
LE DÉMON DE
L'EAU JAPONAIS
KAPPA

COSTUMES DE FAÇADE

« Ce cirque a un côté crasseux et cru, observe la costumière Colleen Atwood. Les costumes sont mal cousus, c'est de la pacotille, ils partent en lambeaux. Il s'agit d'un cirque de bas étage et tous les personnages portent en eux une certaine tristesse. Au lieu d'être joyeux, c'est un cirque sombre, loin de l'image habituelle. »

SKENDER

Skender, le patron du cirque, est aussi dresseur et maître de cérémonie. Colleen Atwood a conçu pour lui deux tenues : une ringarde, quand il s'affaire en coulisse, et une clinquante lorsqu'il devient Monsieur Loyal. « Ça n'est pas un très bon Monsieur Loyal, confie la costumière. Il a un côté inquiétant. »

SOUS LA TENTE

Au cirque Arcanus se produisent des sous-êtres, des descendants de lignées magiques dépourvus de pouvoir tels que des demi-elfes ou des demi-gobelins. Sous le grand chapiteau, un demi-troll exhibe sa force. Martin Foley explique que le cirque a « mauvais esprit. De l'extérieur, tout est joyeux et tous semblent s'amuser, mais une tristesse se dégage de ces sous-êtres qui se retrouvent au centre de l'attention. C'est un aspect touchant du film ».

Le cirque présente des créatures exotiques telle que le Kappa, un démon des eaux japonais, ou l'Oni, une créature dotée de longues défenses.

NOUVELLE CRÉATURE : LE ZOUWU

Ce majestueux félin est une créature chinoise de la taille d'un éléphant, capable de courir 1 500 kilomètres par jour. La femelle Zouwu exhibée parmi les autres créatures fantastiques au cirque Arcanus est maltraitée – elle est maigre et blessée. Lorsque Croyance met le feu au cirque, elle parvient à s'échapper de son enclos et disparaît dans les rues de Paris.

PETIT CALCUL MENTAL

« Le Zouwu peut parcourir 1 500 kilomètres en un jour », indique David Yates. Mathématiquement, cela signifie que sa vitesse est de 65 km/h : « Ce qui n'est pas si rapide que ça, poursuit le réalisateur en riant, mais ça paraît exceptionnel, dit ainsi ! »

UN TRAQUEUR HORS PAIR

« Quand Norbert rencontre le Zouwu pour la première fois, raconte le marionnettiste Robin Guiver, celui-ci est blessé et vulnérable. Norbert en est conscient. C'est une créature magique, mais l'authenticité de son histoire permet que chacun s'y identifie, vu ce qui se passe dans le monde réel. » Apeuré, le Zouwu menace d'attaquer le magizoologiste quand il le croise sur un pont de Paris. « Norbert sait ce que cache cette peur, poursuit le marionnettiste. Par chance, il sait comment s'y prendre pour mettre l'animal en sécurité dans sa valise. »

Norbert apprivoise le Zouwu « avec un gros chat en peluche plein de poils qui couine et porte un grelot », explique Christian Short.

TRAVAIL D'ÉQUIPE

« L'un des aspects que je préfère dans ce film, c'est l'opportunité d'interagir avec les créatures et de chercher la meilleure manière de m'y prendre, confie Eddie Redmayne. C'est un véritable travail d'équipe – cascadeurs, marionnettistes, spécialistes du mouvement et créateurs d'effets spéciaux. La scène avec le Zouwu en est l'exemple parfait. »

LA MALEDICTUS

La Maledictus du cirque Arcanus, interprétée par Claudia Kim, est un sous-être atteint d'une malédiction de sang qui provoque sa métamorphose en serpent – métamorphose qui finit par devenir permanente. « Elle devient serpent, mais veut rester femme tant qu'elle le peut, explique David Yates. Il est très beau de voir comment elle s'accroche à son humanité dans le peu de temps qu'il lui reste. »

ÂMES EN PEINE

« La Maledictus est prisonnière du cirque, explique Claudia Kim, mais aussi condamnée à être prisonnière de son propre corps. Dans ce contexte plus que désespéré, elle rencontre Croyance, et le désir, l'énergie et la détermination de celui-ci à comprendre qui il est lui donnent de l'espoir. »

REPTILIEN

Les créateurs d'effets spéciaux ont observé et numérisé un véritable serpent. « C'était un superbe spécimen d'environ 4 mètres de long, se souvient George Bootman, assistant coordinateur. Quand nous l'avons photographié, il n'a pas eu peur des flashs et des lumières. » Le reptile a également été filmé enserrant un mannequin représentant Claudia Kim afin que les artistes puissent reproduire le mouvement des écailles quand il s'enroule autour du corps de l'actrice.

PEAU DE SERPENT

Pour évoquer l'aspect du reptile sans avoir recours à un tissu à motif « peau de serpent », Colleen Atwood a recouvert un tissu en dentelle d'un matériau métallique. Les volants cousus au bas de la robe et aux manches sont « une référence aux ondulations du serpent, explique-t-elle. La tenue s'inspire du tango tout en ressemblant à un costume de cirque ».

LES SABLES DU TEMPS

La relation entre Croyance et la Maledictus est très particulière. « C'est de l'amour véritable, explique Ezra Miller, entre deux individus qui se battent de façon similaire contre une société qui les exclut en raison de leur différence et de leurs facettes hors normes. Ce sont d'authentiques sabliers, dont le sable s'échappe grain après grain. »

LE MINISTÈRE DES AFFAIRES MAGIQUES DE LA FRANCE

Le ministère des Affaires magiques est l'équivalent français du ministère de la Magie, en Angleterre, et du MACUSA, aux États-Unis. Il est installé dans un bâtiment Art nouveau, un style mettant l'accent sur les courbes et les ornements inspirés de la nature. « Dans les années 1920, ce style était synonyme de Paris, explique Stuart Craig. Jo [Rowling] le savait et l'avait précisé dès le départ dans ses indications scéniques. Il est vraiment très, très difficile de la surprendre ! »

L'entrée du ministère se situe au milieu d'une place. Quand Queenie se tient entre certains arbres, ceux-ci forment un ascenseur semblable à une cage à oiseau qui descend jusqu'à la coupole principale.

TOURNER EN ROND

Les plans des ministères étaient jusqu'alors conventionnels – un étage au-dessus de l'autre. « La configuration du ministère français est un enchaînement de coupoles reliées et interchangeantes qui se traverse comme un tunnel », décrit Sam Leake, le directeur artistique. La coupole principale est au centre, reliée par des couloirs à la suivante, et ainsi de suite. « Grâce à un effet de transparence, le regard traverse la coupole et le tunnel suivants, ce qui donne beaucoup de profondeur, à défaut de hauteur. »

JEUX DE LUMIÈRE

« L'Art nouveau, c'est de la lumière, de la nature et du verre, explique Martin Foley. Toutes les coupoles du ministère ont un plafond de verre. Leur luminosité magique et éthérée fait presque oublier que tout se passe sous terre. »

SERVICE DACTYLO

Il a été demandé à Anna Pinnock d'imaginer un service de dactylographie semblable à celui du MACUSA. « Il semble que toutes ces institutions se conforment au même format, dit-elle. Nous avons trouvé dans une brocante un sublime bureau en verre et métal, que nous avons reproduit dans une version modulaire afin que les bureaux s'emboîtent les uns dans les autres. Ils sont occupés par des rangées d'employés qui font tous la même chose. »

Le décor du ministère des Affaires magiques

Les murs bombés du ministère des Affaires magiques abritent de nombreuses œuvres d'art, ainsi que ce sceau de style Art nouveau illustrant la patrie française.

ZODIAQUE MAGIQUE

Au plafond de la grande coupole se déploie la carte céleste pivotante des créatures fantastiques. « Pour les premières ébauches [de la coupole], nous nous étions appuyés sur des cartes astronomiques du XVIIIe siècle issues de calendriers superbement illustrés, confie le *concept artist* Dermot Power. Mais J.K. Rowling n'a pas souhaité reprendre le zodiaque existant que tout le monde connaît. Il fallait imaginer autre chose. » Dermot signifie à l'auteure qu'il n'est pas de son ressort de décider à quoi ressemblent les cartes célestes du monde qu'elle a inventé. « Elle m'a alors dit : "Je t'envoie une liste". » Celle-ci contenait quasiment toutes les créatures fantastiques du premier film plus quelques autres tirées de *Harry Potter*. « C'est pourquoi il n'y a pas de Capricorne mais un Grapcorne ! » explique Martin Foley.

LES BRONZES

Trois superbes statues entourent la balustrade qui borde la grande coupole. Elles ont été sculptées par Julian Murray, qui avait déjà créé le monument *La magie est puissance* pour *Harry Potter et les Reliques de la Mort – 1re partie*. Elles ont été modelées à taille réelle dans de l'argile, puis numérisées afin de faire produire, par un atelier de découpe, des statues en mousse très dense deux fois plus grandes : 6 mètres de haut. Celles-ci ont ensuite été enduites d'un vernis similaire à celui utilisé pour les voitures, puis lustrées afin de briller comme du bronze.

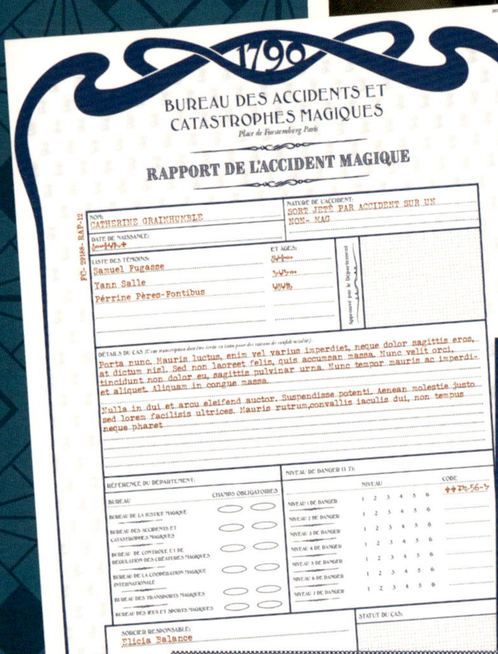

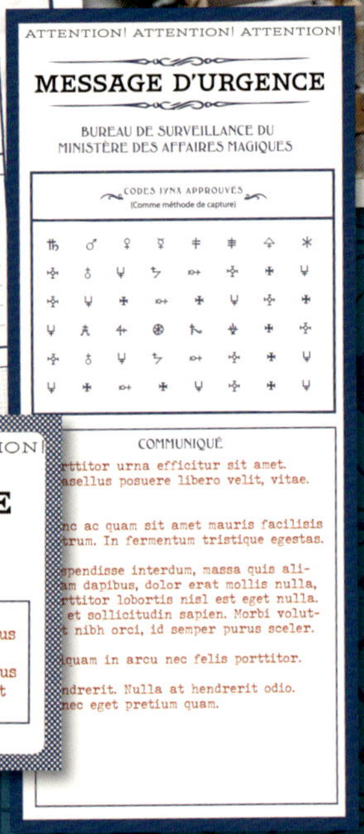

LE SCEAU FRANÇAIS

Miraphora Mina et Eduardo Lima ont imaginé le sceau du ministère, fondé en 1790 – juste après la Révolution française. « Nous avons aussi créé l'ensemble des documents officiels du ministère, raconte Eduardo. Par chance, celui qui dirigeait l'équipe des graphistes était français ! »

NOUVELLE CRÉATURE : LE MATAGOT

Parmi les nouvelles créatures présentées dans *Les Crimes de Grindelwald* figure le Matagot, un félin qui n'est pas sans rappeler le sphinx, une race de chats. Le ministère des Affaires magiques emploie les Matagots à des postes subalternes – ils sont, par exemple, affectés au tri du courrier ou à la sécurité des autres départements. Le Matagot n'attaque pas à moins d'être provoqué. Il prend alors un aspect beaucoup plus menaçant. David Yates, le réalisateur, le décrit comme un drôle de chat. « Il paraît surnaturel, d'où sa connotation fantastique. »

MIAOU !

Les marionnettistes ont joué les Matagots pour fournir un repère visuel aux acteurs et faciliter leurs interactions. Le marionnettiste Tom Wilton se souvient : « Ces félins gardiens sont merveilleux et spirituels. Afin de les incarner physiquement, nous avons, pour chaque prise, marché à quatre pattes jusqu'en haut des somptueux décors, comme des chats. »

L'ÉVASION DU CIRQUE ARCANUS

Alors qu'elle vient de retrouver Croyance au cirque Arcanus, Tina croise Yusuf Kama, également à la recherche du jeune homme. À l'insu de Tina et Yusuf, Croyance a échafaudé un plan pour s'enfuir avec la Maledictus ce même jour. « Il a brisé les chaînes de la violence qui l'ont fait souffrir pendant toute son enfance, explique Ezra Miller. Mais le cirque est un milieu violent lui aussi, dont il s'échappe quand il réalise qu'il s'agit d'une autre cage. »

UNE MAGIE SOUS CONTRÔLE

Croyance est toujours un Obscurial, mais il réussit à présent à contrôler son Obscurus. « Il a pris conscience de sa relation avec l'Obscurus et il parvient peu à peu à le maîtriser et à le manifester de façon intentionnelle, observe Ezra. C'est une liberté et un soulagement pour lui qui a été tant persécuté, cela fait de lui un survivant. »

AU FEU !

Croyance s'enfuit avec la Maledictus tout en lâchant des dragons sur la foule. Tandis que le cirque s'embrase, Tina tente de rejoindre Croyance, mais la cohue l'en empêche.

Les étincelles lancées par les queues des dragons enflamment tout sur leur passage.

« Tout le monde cherche Croyance, explique Ezra. Tout le monde le traque. Toute la communauté magique s'y intéresse pour des raisons différentes. Il est une menace pour tous. »

Le grenier d'Irma

Croyance et la Maledictus se rendent chez Irma, occupante d'un petit appartement sous les toits et dont le nom figure sur les papiers d'adoption du jeune homme. Il s'avère qu'Irma est un sous-être – mi-elfe mi-humaine. Elle s'apprête à révéler une information capitale à Croyance au sujet de sa mère quand Grimmson les interrompt.

HAUTE TENSION

Le long couloir que Croyance doit emprunter pour se rendre à l'adresse qui lui a été indiquée comme étant celle de sa mère contribue au suspense de la scène. « Puis il commence à distinguer l'ombre d'Irma au travers d'une vitre noire, raconte James Spencer, directeur artistique adjoint. Il finit par arriver devant chez elle et, quand il ouvre la porte, il découvre une pièce remplie de linge qui sèche. Le spectateur comprend ainsi ce que fait la propriétaire des lieux. Croyance traverse le grenier et découvre Irma, qui n'est pas du tout ce à quoi il s'attendait ! »

À LA FRANÇAISE

La décoratrice Anna Pinnock s'est beaucoup amusée à habiller le grenier. « Je crois que je suis restée sur le plateau cinq jours entiers, se souvient-elle. Tous les éléments du décor viennent de France. Le plus génial, c'est que l'actrice française qui joue Irma, Danielle Hugues, s'est jetée sur le lit en arrivant comme le fait un enfant quand il aime un endroit, en disant : "C'est très français ! J'ai l'impression d'être en France." » Il n'y a pas de meilleur compliment pour la décoratrice : « J'étais aux anges. Tout le monde a envie d'être fier de son travail, non ? »

POUDLARD, 1927

Thésée, Leta et quelques autres membres du ministère de la Magie se rendent à Poudlard afin d'interroger Dumbledore sur ce qu'il sait au sujet de Grindelwald et de Croyance. « Revenir à Poudlard, c'est comme revenir à la maison », confesse Tim Lewis, producteur délégué. Pour quelques scènes, et pour la première fois depuis les tournages des *Harry Potter*, l'équipe de production est retournée filmer les fameux cloîtres de l'abbaye de Lacock. « Pour le spectateur, c'est émouvant de revoir des lieux qu'il connaît, poursuit Tim. Fort heureusement, ils existent toujours ! »

UN ÂGE D'OR

Nul besoin de vieillir Poudlard pour l'année 1927. « Poudlard date de plusieurs siècles, explique James Spencer, directeur artistique adjoint. Par conséquent, entre l'époque où Dumbledore y est jeune enseignant et celle où arrive Harry Potter, peu de choses ont changé dans cette vieille institution. Les uniformes sont un peu différents, mais l'architecture est la même. »

DE PROFESSEUR À ÉLÈVE

« [Dumbledore] est ici vu avec les yeux de Norbert, un garçon qui fuit la politique, explique J. K. Rowling. C'est un très bon professeur, mais il ne semble jamais dire complètement la vérité. Son savoir est un fardeau. Vous savez, il n'est pas facile d'être Dumbledore. Il est constamment au courant d'informations qu'il ne peut partager ; il nage souvent à contre-courant. »

Quand l'Auror Torquil Travers lui demande s'il connaît *Les Prédictions de Tycho Dodonus*, Dumbledore répond que oui. Conscient que Travers attend quelque chose de lui, il affirme faire de son mieux pour contrer les plans de Grindelwald, même s'il ne le combat pas activement. Par conséquent, Travers refuse de croire que Dumbledore est de leur côté.

LE DÉCOR DE POUDLARD EN 1927

Au cinéma, les designers n'habillent pas seulement les acteurs : ils habillent également les décors. Nombre d'accessoires et d'éléments des tournages des films *Harry Potter* ont été conservés, beaucoup étant exposés dans le parcours de visite des studios Warner à Leavesden. Mais même s'il est assez facile d'aller chercher un objet dans la pièce « d'à côté », il a fallu, pour cette autre époque, utiliser à la fois des éléments anciens et nouveaux – dont le château lui-même !

UNE ÉCOLE HIGH-TECH

La majeure partie du décor de Poudlard ayant été détruite dans *Harry Potter et les Reliques de la Mort - 1re partie*, l'équipe de production des *Crimes de Grindelwald* a utilisé sa réplique numérique. « Nous avons bâti un grand morceau du viaduc et de la tour, détaille Martin Foley, mais le château a été reconstruit à partir de sa version numérique créée pour les derniers films de la saga. »

SORTIE DE CLASSE

Les tables utilisées dans les films *Harry Potter* ont été sorties des réserves et placées dans les salles de classe de 1927. Les élèves ont de « nouveaux » manuels, dont la création a nécessité moins de travail qu'à l'ordinaire pour les graphistes puisqu'ils n'apparaissent à l'écran qu'un bref instant. La grande différence dans les fournitures est que les élèves de 1927 portent un cartable avec le blason de Poudlard, tandis que Harry et ses camarades ont des sacoches.

DÉTAILS D'ÉPOQUE

Les uniformes de 1927 présentent plusieurs différences notables avec ceux de l'époque de Harry. « Les robes dans *Harry Potter* sont noires, alors que celles-ci sont bleu foncé », précise la costumière Charlotte Finlay. Quelques détails ont été ajoutés, notamment les trois bandes de velours au bas des manches. Les couleurs des maisons n'apparaissent qu'à l'intérieur de la capuche, aux revers plus larges. Mais les robes et ceux qui les ont imaginées ont beau avoir changé, les costumiers ont fait appel à la même société pour confectionner les tenues de 1927 et celles des années 1990.

LE COURS DE DÉFENSE CONTRE LES FORCES DU MAL DE DUMBLEDORE

En 1927, Albus Dumbledore (Jude Law), déjà très apprécié de ses élèves, est professeur de défense contre les forces du Mal. Le réalisateur David Yates et la costumière Colleen Atwood ont discuté à plusieurs reprises de la tenue de ce Dumbledore-là. « Nous voulions qu'il soit jeune et plein d'espoir, se souvient la costumière. Un professeur aimé de tous les enfants, celui vers qui ils se tournent spontanément. Son côté accessible fait que tous les élèves se lient avec lui, qu'ils soient marginaux ou dans le rang. » L'une des scènes montre Dumbledore en train d'enseigner un sort familier (*Riddikulus !*) pour contrer les Épouvantards.

PROFESSEUR D'UN JOUR

Les parents de Jude Law étant enseignants, l'acteur s'est beaucoup amusé à incarner un professeur. « David Yates a créé une ambiance très scolaire, dit-il. Les enfants étaient ravis de se retrouver dans cet environnement familier. » Jude admet que jouer ce rôle lui a paru étrange : « J'ai vu ces cours [de Poudlard] comme tout le monde mais là j'ai eu l'impression, comme ça arrive parfois quand on joue, de "sortir de mon corps". J'ai joué la scène tout en me voyant la jouer, j'ai réalisé alors à quel point c'était extraordinaire. »

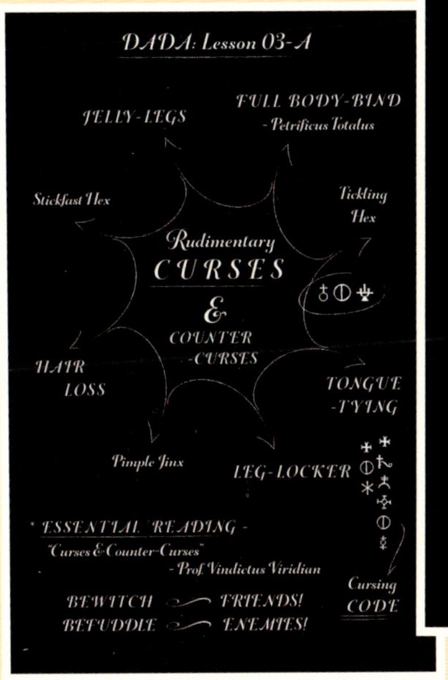

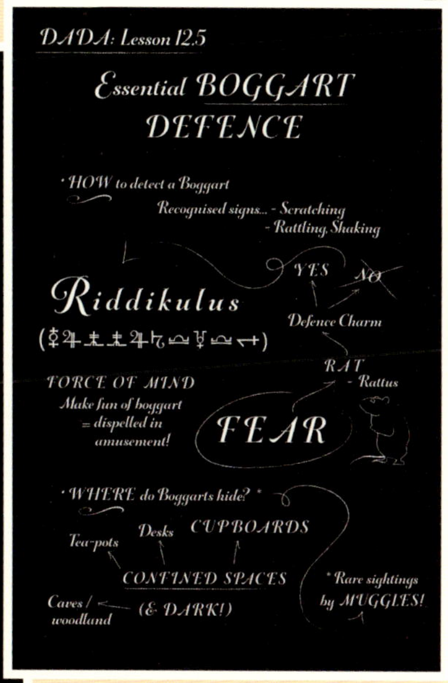

DES ÉTOILES DANS LES YEUX

Chaque professeur de défense contre les forces du Mal a imprégné de sa personnalité sa salle de classe. Le centre d'intérêt de Dumbledore étant l'astronomie, certains éléments de son futur bureau de directeur ont été sortis des réserves et « rajeunis ». Le planétaire (une représentation mécanique du système solaire) visible dans *Harry Potter et la Chambre des Secrets* a été reconstruit par les artisans de l'époque, Terry Whitehouse et John Blakeley. « Nous l'avons remis en route et les planètes se sont mises à tourner, raconte Terry. C'était comme revoir un vieux copain ! »

Parmi les nouveaux objets qui ornent la salle de classe de Dumbledore figurent un télescope de 4,5 mètres de haut construit par Pierre Bohanna et un globe lunaire suspendu au plafond. La surface métallique de la Lune est gravée de cratères et de sillons.

SOUVENIRS : NORBERT ET LETA

À Poudlard, Leta Lestrange fait le tour de l'école et se remémore les années qu'elle y a passées… ainsi que sa relation avec Norbert. « Tout le monde part du principe qu'elle est mauvaise parce qu'elle est une Lestrange, explique David Heyman. Certes, elle s'est mal comportée par le passé, parfois de façon particulièrement terrible, mais c'est aussi quelqu'un de bien. Elle est aux prises avec ce qu'on attend d'elle et sa véritable nature. »

LE PLACARD SOUS L'ESCALIER

Le scénario indiquait qu'à Poudlard un espace était réservé à Norbert : un placard. « Un grand placard, précise Stuart Craig. Un endroit secret dans lequel il s'occupe d'étranges petites créatures. Comparé à celles de ses dernières aventures, elles sont de taille plutôt modeste ! » Le placard renferme des balais et du matériel d'entretien, ainsi qu'un escalier en colimaçon menant à une vaste fenêtre aux contreforts volants dont Norbert a aménagé le rebord.

ATTENTIONNÉ

« Norbert se trouve dans le placard qui lui tient lieu de minuscule ménagerie lorsque Leta y fait accidentellement irruption, raconte Eddie Redmayne. Il essaie de soigner un bébé corbeau. Quand Leta lui demande pourquoi il s'en préoccupe, il répond que l'oiseau est blessé. Norbert ressent une énorme empathie à l'égard des êtres et des animaux qui souffrent. Les aider est ce qu'il fait de mieux. »

UNE RELATION ILLOGIQUE

« Sur le papier, l'amitié entre Norbert et Leta n'est pas logique, confie Zoë Kravitz, mais Norbert aime ce que personne d'autre n'aime, et c'est, à bien des égards, le cas de Leta. Il est le seul à voir qui elle est vraiment, et elle a besoin que quelqu'un porte ce regard sur elle. »

Avant de partir, Leta croise Dumbledore, qui lui exprime sa compassion quant aux rumeurs selon lesquelles son frère disparu a été retrouvé.

NICOLAS FLAMEL

Lors de leur entrevue sur les toits de Saint-Paul, à Londres, Dumbledore a donné à Norbert une carte de visite portant l'adresse d'un abri sûr. Norbert y transplane avec Tina, Jacob et Kama afin d'installer convenablement le Zouwu dans sa valise et de réfléchir à la suite des événements. Après le départ de Tina et Norbert, Jacob est accueilli par le propriétaire des lieux : Nicolas Flamel, célèbre alchimiste de six cents ans, le seul à avoir jamais fabriqué la pierre philosophale. Flamel n'est pas surpris de leur arrivée : Dumbledore l'avait prévenu.

PAROLE D'HONNEUR

Pour Brontis Jodorowsky, jouer Nicolas Flamel a été « un immense honneur. C'est un personnage bien connu des fans de *Harry Potter* et tout le monde sait qu'il est très proche de Dumbledore. J'ai eu le sentiment que c'était à la fois un privilège et une responsabilité de lui donner vie d'une façon qui satisfasse les attentes du spectateur tout en apportant quelques surprises – car, tout de même, que fait un homme de six cents ans dans cette histoire ? ».

VIEILLIR À VUE D'ŒIL

Il fallait jusqu'à quatre heures pour appliquer sur Brontis les prothèses qui le vieillissent. « C'est un long processus par lequel on s'efface progressivement pour laisser le personnage émerger, confie-t-il. Le visage change, on porte une perruque… même les mains sont vieillies ! »

COMPOSER UN PERSONNAGE

Comment jouer un homme de six cents ans ? Les sexacentenaires ne courent pas les rues ! « Je me suis documenté sur l'alchimie et sur Flamel, raconte Brontis. Mes recherches m'ont permis de cerner le personnage, mais il restait encore à le composer ! » L'acteur admet qu'il est impossible de savoir ce que signifie atteindre un tel âge, mais souligne également que la pierre philosophale a peut-être vieilli l'alchimiste de façon inattendue.

La maison de Flamel

La maison de Nicolas Flamel semble avoir le même âge que lui. « C'est une maison à colombages, explique Stuart Craig. Elle se démarque des bâtiments alentour. » La demeure du véritable Nicolas Flamel, alchimiste parisien ayant vécu aux XIVe et XVe siècles, existe toujours : elle est située au 51, rue de Montmorency.

SAUT DANS LE TEMPS

Stuart Craig a pris beaucoup de plaisir à imaginer et à construire la maison de Nicolas Flamel. « Son grand âge lui donne beaucoup de cachet, dit-il. L'endroit est complètement surchargé et le bois est en train de moisir. » Les sols se sont incurvés au fil des ans et les escaliers penchent. L'équipe des artisans a ainsi dû créer l'impression que les poutres et les murs se sont déformés. « Le temps a passé, tout est tordu », renchérit Martin Foley.

ACCESSOIRISTE DE GÉNIE

Tout comme il avait créé les tubes et les flasques de la salle des potions, l'accessoiriste Pierre Bohanna a imaginé le matériel du laboratoire de Flamel. « Son ingéniosité nous a époustouflés, confesse Stuart Craig. C'est un concepteur incroyable, même à très petite échelle. Il fait un travail tantôt d'horloger, tantôt d'ingénieur des ponts et chaussées ! »

Flamel possède aussi une grande boule de cristal. Quand Jacob demande à y voir Queenie, celle-ci se dirige vers le cimetière des Lestrange. Jacob court à sa rencontre.

ALBUM MAGIQUE

Flamel communique avec un groupe de sorciers triés sur le volet grâce à un livre épais. « Il se présente comme un album photo, mais les images de leurs espaces de travail sont animées », relate Eduardo Lima. « C'est comme un groupe WhatsApp ! » plaisante Miraphora Mina.

LA PIERRE PHILOSOPHALE

Comme le savent les fans de *Harry Potter*, Nicolas Flamel est en possession de la pierre philosophale, à laquelle il doit son immortalité. « Dix-sept ans après, nous l'avons ressortie de son placard et dépoussiérée », raconte Pierre Bohanna. En réalité, un nouvel exemplaire de la pierre a été fabriqué pour le film à partir du moule original.

NOUVELLES BAGUETTES

Qui dit nouveaux sorciers dit forcément nouvelles baguettes ! « Les baguettes représentent beaucoup de choses, déclare Pierre Bohanna, chef accessoiriste, mais ce sont aussi des éléments de style. Elles sont fabriquées sur mesure pour chaque personnage. »

THÉSÉE DRAGONNEAU

Molly Sole, qui a imaginé les baguettes, s'est dit qu'une poignée en écaille de tortue « serait très élégante pour un garçon promis à un bel avenir ». Callum Turner a néanmoins cassé sa baguette la première fois qu'il s'en est servi. « C'était à cause d'Eddie ! » se défend-il.

LETA LESTRANGE

Les accessoiristes souhaitant pour Leta une baguette d'aspect à la fois féminin et puissant, Molly Sole a opté pour l'ébène : « Leta vient d'une famille puissante de Sang-Purs, nous voulions que sa baguette reflète ce prestige. Elle devait paraître riche et imposante. »

BUNTY

« Bunty est un personnage adorable, elle est obsédée par les animaux et très connectée à la nature, explique Molly. Je me suis dit qu'une pomme de pin ferait une belle poignée et j'ai imaginé un ornement de petites feuilles de lierre qui s'enroule autour du bois. »

TM & © WBEI. (s18)

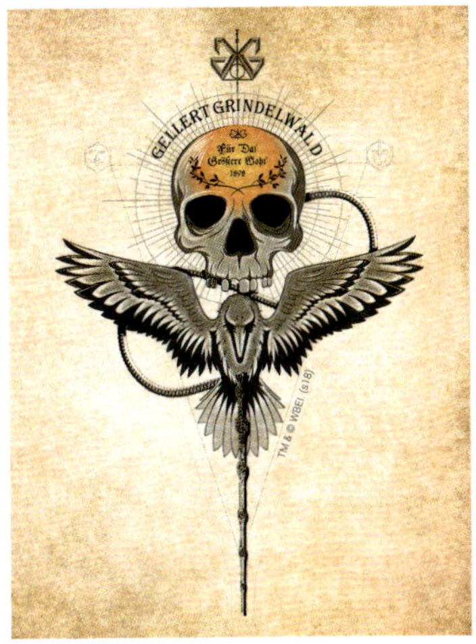
GELLERT GRINDELWALD
TM & © WBEI. (s18)

1796
MINISTÈRE DES AFFAIRES
MAGIQUES
DE LA FRANCE
FONDÉ EN 1796
INCANTÉ
CONJURÉ
ENVOUTÉ
TM & © WBEI. (s18)

TM & © WBEI. (s18)
TM & © WBEI. (s18)

TM & © WBEI. (s18)

TM & © WBEI. (s18)

TM & © WBEI. (s18)

Tina
Auror
Goldstein
TM & © WBEI. (s18)

Leta
Lestrange
TM & © WBEI. (s18)

QUEENIE
TM & © WBEI. (s18)

ALBUS DUMBLEDORE

La baguette d'ébène de Dumbledore comporte une section tressée qui s'affine en une longue pointe lisse. C'est une baguette « formelle, élégante et sobre, explique Molly. La branche entortillée, conservée telle quelle, est un clin d'œil à la nature dissidente et confiante de Dumbledore. » La bague d'argent de la poignée est gravée de caractères runiques représentant les initiales du professeur et évoquant la sagesse, la justice et la force. Pour développer son propre style, Jude Law a étudié les mouvements de baguette de ses prédécesseurs ainsi que ceux des chefs d'orchestre. Il a même visionné un film montrant Picasso en train de peindre !

NICOLAS FLAMEL

Flamel ayant six cents ans, sa baguette se devait de paraître ancienne. Molly s'est inspirée d'une cravache dotée d'une extrémité en os que possédait sa mère. « J'ai toujours pensé que cela ferait une poignée de baguette fantastique », raconte-t-elle. La baguette se compose d'une poignée en faux os et d'un corps d'acajou, reliés par une bague de métal doré.

JACOB KOWALSKI

« Ne serait-ce pas génial que quelqu'un me tende une baguette en me disant "Tiens-la", et qu'il se passe quelque chose ? s'interroge Dan Fogler. Ma seule relation aux baguettes magiques est celle de me pencher en arrière pour ne pas être touché par leur décharge de magie. C'est ainsi, mais, vous savez, ma magie est en moi et j'ai une âme en or ! »

QUESTION DE STYLE

Pour Pierre Bohanna, « la baguette ne reflète pas seulement la personnalité d'un personnage mais aussi ses goûts, ses influences, ce qu'il aime et ce qu'il déteste. Partir de ce principe est presque libérateur : cela donne un petit ensemble de règles à partir desquelles travailler, interpréter et improviser ».

YUSUF KAMA

La poignée d'ébène (à l'extrémité d'argent) et le corps finement strié de la baguette en bois de perdrix sont séparés par une bague d'argent.

VINDA ROSIER

Recevoir sa baguette a représenté pour Poppy Corby-Tuech « sa journée de tournage la plus excitante ». Pleine de nœuds et de courbes, la baguette de Vinda luit d'un reflet mauve. « Chacun a son style propre », affirme Poppy, qui qualifie de doux son maniement de la baguette.

ABERNATHY

La poignée d'ébène d'Abernathy est séparée du reste de la baguette par une épaisse bague argentée. « Cela reflète très bien son style et sa manière de lancer les sorts, estime Kevin Guthrie. Simple et sans détour, rien qui ne soit fade ou tapageur. Direct et ciblé, je dirais. C'est un personnage à qui l'on désigne des victimes, et il s'exécute. Sa baguette est donc précise et soignée. »

KRALL

La poignée de la baguette de Krall, l'un des Disciples de Grindelwald, est en argent.

CARROW

Carrow, autre Disciple, a une baguette simple, semblable à un bâton.

GUNNAR GRIMMSON

Pour Gunnar Grimmson, le chasseur de primes, Stuart Craig a pensé à un vieux morceau de bois noueux. « Il est très dur et comme taillé à la main, avec plein de torsades, explique Molly Sole. C'est un outil d'ouvrier, Grimmson y a même gravé des souvenirs de ses meurtres. Ils sont pour lui comme des trophées de ce qu'il accomplit. Prendre le dessus sur Norbert est primordial à ses yeux, c'est probablement sa façon de garder une trace de ses actes. »

RUDOLPH SPIELMAN

La baguette de Rudolph Spielman, responsable des incarcérations au sein de la Confédération internationale des sorciers, est dotée d'une poignée d'ivoire incrustée de motifs en argent.

SKENDER

La baguette du propriétaire du cirque Arcanus reflète sa vocation circassienne – extrémité en forme de grosse boule rouge et motifs de fanions sur la poignée. Le bois clair est sale et éraflé.

LA SALLE DES ARCHIVES DU MINISTÈRE DES AFFAIRES MAGIQUES

Lors de leur entrevue secrète à Londres, Dumbledore a parlé à Norbert d'une boîte cachée dans la salle des archives du ministère français, où sont conservés les actes notariés des familles de Sang-Pur : elle pourrait contenir des informations sur l'identité de Croyance. Avant d'entrer dans le bâtiment, Norbert boit du Polynectar pour prendre l'apparence de Thésée, son frère.

VERTIGINEUX

La salle des archives offre un sublime exemple d'Art nouveau. « Le scénario décrivait les tours comme de hauts éléments qui auraient poussé tels des arbres », révèle le directeur artistique Sam Leake. Les tours sont ornées de motifs floraux sinueux et de formes de rubans, dans le pur style Art nouveau.

Les tours rappellent les meubles « bombés » des salons français de l'époque.

TOUS POUR UN

« Il y avait plus de mille boîtes à fabriquer, se souvient Terry Whitehouse, le chef de fabrication, aussi avons-nous demandé de l'aide au reste de l'équipe. » Tous ont aidé à coller une poignée sur chaque boîte, puis à les peindre et à les vieillir. « Un travail laborieux, mais il faut parfois arrêter ce que l'on a en cours pour aider les autres, n'est-ce pas ? » conclut Terry.

L'ARBRE GÉNÉALOGIQUE DES LESTRANGE

L'arbre généalogique de la famille Lestrange rappelle la tapisserie de la noble lignée des Black dans *Harry Potter et l'Ordre du Phénix*. À vrai dire, tous deux ont été créés par la même personne : Miraphora Mina. « Nous ne connaissions pas tous les détails de l'histoire alors, comme pour *Harry Potter et l'Ordre du Phénix*, nous avons demandé à Jo [J.K. Rowling] les noms à inscrire dans l'arbre. » L'auteure lui a fourni les noms d'une seule branche de la famille « or, il en fallait davantage. J'ai donc dû inventer l'autre branche. Ils se sont tous mariés entre cousins ! » révèle-t-elle.

Une fois dans la pièce, Tina découvre enfin que Norbert n'a jamais été fiancé à Leta : c'est elle qu'il aime !

L'évasion de la salle des archives

Alors que Norbert et Tina tentent de localiser la bonne boîte, Leta surgit. Il s'avère qu'elle recherche la même boîte, laquelle contient des informations sur son frère disparu qu'elle ne veut pas voir révélées. Soudain, les Matagots qui gardent le ministère apparaissent, menaçants. Quand Leta commence à lancer des sorts aux félins, ils deviennent agressifs et attaquent Norbert et Tina.

RÉALITÉ VIRTUELLE

La salle des archives et ses tours infinies rappellent la Salle des Prophéties du ministère de la Magie et ses interminables étagères. L'équipe du film a donc eu recours au même procédé que pour *Harry Potter et l'Ordre du Phénix*. « Nous avons utilisé des accessoires verts que les acteurs devaient esquiver ou avec lesquels ils interagissaient. C'était un environnement 100 % virtuel », résume Tim Burke. La scène a été développée en prévisualisation puis maintes fois répétée pour finaliser l'action.

REMUANTES BIBLIOTHÈQUES

Plusieurs types de bibliothèques ont été imaginés pour la scène : une version sur socle drapée de vert pouvant se déplacer vers le haut, le bas ou de biais, une version pivotante et une version télécommandée déplaçable dans toutes les directions.

Quand la boîte des Lestrange est enfin identifiée, Leta découvre que les documents ont disparu. Il ne reste qu'une note indiquant qu'ils ont été emportés au mausolée familial.

UN RODÉO PEU COMMUN

En sécurité dans la valise de Norbert, le Zouwu est parvenu à se remettre de ses blessures. Le magizoologiste libère la créature et l'enfourche, emportant Tina et Leta, qui l'ont rejoint dans la valise. Ils filent vers le cimetière où sont enterrés les membres de la famille Lestrange. « Les marionnettistes ont fabriqué un extraordinaire cheval de rodéo mécanique manœuvré par quatre hommes en combinaison verte intégrale », raconte Eddie.

RENDEZ-VOUS AU CIMETIÈRE

Norbert, Tina et Leta parviennent au mausolée des Lestrange, où Grindelwald a organisé un rassemblement pour promouvoir ses idées et recruter de nouveaux partisans. Plusieurs visages familiers apparaissent dans la foule : Croyance et la Maledictus, Kama, ainsi que Jacob, qui s'est réconcilié avec Queenie.

TENDRESSE ANIMALE

Quand le Zouwu dépose Norbert, Tina et Leta au cimetière, la créature sauvée par le magizoologiste lui manifeste son affection d'un coup de langue et d'une étreinte amicales avant de retourner dans la valise. Les marionnettistes ont sculpté la tête du Zouwu dans une mousse très tendre. « Elle peut être touchée et pressée, explique Robin Guiver, donc sitôt qu'Eddie est descendu du dispositif qu'il chevauchait, il a pu jouer cette interaction physique. » « Ce fut l'une de mes journées de travail les plus surréalistes, déclare Eddie. J'en suis sorti avec des douleurs étranges à des muscles dont j'ignorais l'existence ! »

LE MAUSOLÉE DES LESTRANGE

« On entre d'abord à l'intérieur du mausolée, confie Stuart Craig, où les cercueils des défunts s'alignent dans les compartiments de la crypte. De là, on descend dans l'amphithéâtre, où Grindelwald tient son rassemblement. »

INSPIRATION SÉPULCRALE

L'équipe de production a visité le cimetière du Père-Lachaise, à Paris, qui date du début du XIXe siècle. « Il se situe sur une colline, précise Martin Foley. Certaines zones ressemblent à des amphithéâtres encerclés de tombes ! » Une image inspirante, puisque l'intrigue du film se dénoue lors du rassemblement dans un grand amphithéâtre souterrain.

EXTÉRIEUR NUIT

Le tournage s'est déroulé sur plusieurs nuits au cimetière de Highgate, au nord de Londres. « C'était génial de filmer en extérieur même si le lieu était plutôt lugubre, se souvient Martin Foley. L'équipe a bien aimé. La météo s'est dégradée alors qu'il nous restait deux jours de tournage, aussi avons-nous construit un décor au studio pour finaliser les scènes. »

DISCOURS À L'AMPHITHÉÂTRE

Tandis que Grindelwald se prépare à discourir devant ses anciens et nouveaux partisans, Queenie demande à Jacob de garder l'esprit ouvert. Elle s'intéresse à la cause du mage noir car il lui a promis que sa révolution lui permettra d'épouser Jacob.

UN DÉCOR À LA HAUTEUR

« Il y a beaucoup de lieux souterrains dans le film car l'univers des sorciers est encore clandestin, observe Martin Foley. C'est tout l'enjeu. Comme Grindelwald veut faire sortir tout le monde de l'ombre, le décor était particulièrement adapté. Et Stuart Craig ne faisant rien à moitié, quand on lui demande un amphithéâtre, il vous en crée un de quatre mille places ! »

Treize corbeaux (l'emblème des Lestrange) de 3 mètres de haut portent le toit de l'édifice sur leurs ailes. Le premier a été sculpté à la main, puis a servi de moule pour la fabrication des douze autres.

À LA TÊTE DU CLIENT

Colleen Atwood a dû créer les costumes puis les assigner aux figurants interprétant les participants au rassemblement. « Je cherchais avant tout des “visages”, explique-t-elle. En voyant un comédien, je sais lire sur ses traits s'il pourrait devenir un homme d'affaires dévoyé ou un ouvrier abattu. L'époque est alors trouble. » Pour les femmes, elle a suivi le conseil de David Yates. « Il m'a dit : “Dis-toi que c'est un concert de rock.” Ce sont des groupies. » Colleen sait que les fans, comme les groupies, cherchent souvent à s'habiller comme ceux qu'ils admirent sur scène. « Toutes s'inspirent de Grindelwald. »

LE CHOIX

Le rassemblement touchant à sa fin, l'heure de choisir a sonné. Qui suivra Grindelwald ? Qui le combattra ?

PRÉSENTS À L'APPEL

« Je voulais une galerie de personnages dont on comprenne les antécédents, explique J. K. Rowling. On découvre leurs luttes intérieures, leurs préjugés, leurs traumatismes, et au milieu de tout cela se dresse Grindelwald. Qui parmi ces personnages entendra son chant de sirène ? Chacun a une histoire qui le mène au rassemblement organisé par le mage noir. Ces gens, qui diffèrent par leur passé, leur statut de sang et leurs préoccupations, se retrouvent dans l'auditoire face à cet homme. Est-il la réponse ? Pour certains, il l'est – ou semble l'être. »

RETROUVAILLES

« Jo [J. K. Rowling] a repris les personnages qu'elle a introduits dans *Les Animaux fantastiques* et elle raconte comment ils se mêlent au canevas de la saga *Harry Potter*, explique Eddie. On les rencontre à une autre étape de leur vie. On les découvre à une époque où les enjeux étaient différents mais tout aussi élevés. Le film fait preuve de profondeur et d'une noirceur certaine, mais aussi d'une familiarité nouvelle que j'adore. »

LE LIEN AVEC HARRY POTTER

Comme l'explique J. K. Rowling, *Harry Potter* et *Les Animaux fantastiques* sont liés par leurs personnages. « On retrouve des personnages, des lieux et des objets connus. Mais en même temps, je raconte une histoire à part entière dans *Les Animaux fantastiques*, à laquelle la saga *Harry Potter* ne fait qu'allusion : l'ascension de Grindelwald, ce sorcier qui menace gravement la sécurité des mondes magique et non magique, et de son antagoniste Dumbledore, qui bien sûr est un personnage clé des romans *Harry Potter*. J'avais beaucoup d'idées pour cette toile de fond et il m'est maintenant donné de la raconter, ce qui d'un point de vue artistique est profondément satisfaisant. »

Édition originale publiée aux États-Unis par Random House Children's Books, un département de Penguin Random House LLC, 1745 Broadway, New York, NY 10019, sous le titre *Movie Magic, Fantastic Beasts: The Crimes of Grindelwald.*

POUR L'ÉDITION ORIGINALE
Direction éditoriale : Raoul Goff, Vanessa Lopez
Direction artistique : Chrissy Kwasnik
Conception : Evelyn Furuta
Édition : Greg Solano, Hilary VandenBroek
Direction de la fabrication : Lina s Palma
Fabrication : Rachel Anderson, Greg Steffen, Jacob Frink

Produit par

INSIGHT EDITIONS
PO Box 3088
San Rafael, CA 94912
www.insighteditions.com

ROOTS of PEACE   REPLANTED PAPER

Pour chaque arbre utilisé dans la fabrication de cet ouvrage, Insight Editions, en partenariat avec Roots of Peace, en replantera deux. Roots of Peace est une association humanitaire de renommée internationale : elle se consacre à l'éradication des mines et reconvertit des zones dévastées par la guerre en fermes ou en habitats pour la faune sauvage. En plus de planter deux millions d'arbres fruitiers et d'arbres à noix en Afghanistan, Roots of Peace fournira aux fermiers locaux les compétences et le soutien nécessaires à l'exploitation durable de leurs terres.

Réalisation de l'édition française : Agence Juliette Blanchot, Paris
Traduction : Marie Renier
Correction : Sylvie Gauthier

ISBN : 978-2-07-511018-1
Gallimard Jeunesse, 2018
Dépôt légal : novembre 2018
N° d'édition : 338471
Loi n° 49-956 du 16 juillet 1949 sur les publications destinées à la jeunesse

Imprimé en Chine
10 9 8 7 6 5 4 3 2 1